Karl Graf und Theres Spirig-Huber

Mit Charme gewinnen – kämpfend vorangehen

Teresa von Ávila und Ignatius von Loyola
im Gespräch über Geschlecht und Spiritualität

Ignatianische Impulse
Herausgegeben von Stefan Kiechle SJ, Willi Lambert SJ
und Stefan Hofmann SJ
Band 87

Ignatianische Impulse gründen in der Spiritualität des Ignatius von Loyola. Diese wird heute von vielen Menschen neu entdeckt.

Ignatianische Impulse greifen aktuelle und existentielle Fragen wie auch umstrittene Themen auf. Weltoffen und konkret, lebensnah und nach vorne gerichtet, gut lesbar und persönlich anregend sprechen sie suchende Menschen an und helfen ihnen, das alltägliche Leben spirituell zu deuten und zu gestalten.

Ignatianische Impulse werden begleitet durch den Jesuitenorden, der von Ignatius gegründet wurde. Ihre Themen orientieren sich an dem, was Jesuiten heute als ihre Leitlinien gewählt haben: Christlicher Glaube – soziale Gerechtigkeit – interreligiöser Dialog – moderne Kultur.

Karl Graf und
Theres Spirig-Huber

Mit Charme gewinnen – kämpfend vorangehen

Teresa von Ávila und Ignatius von Loyola im Gespräch über Geschlecht und Spiritualität

echte

Bibliografische Information der Deutschen Nationalbibliothek

Die Deutsche Nationalbibliothek verzeichnet diese Publikation in der Deutschen Nationalbibliografie; detaillierte bibliografische Daten sind im Internet über <http://dnb.d-nb.de> abrufbar.

www.echter.de
Druck und Bindung: CPIbooks - Clausen & Bosse, Leck
ISBN
978-3-429-05485-4
978-3-429-05091-7 (PDF)
978-3-429-06486-0 (ePub)

Inhalt

Einleitung

Sie lebten beide im 16. Jahrhundert in Spanien, die Mystikerin Teresa von Ávila und der Mystiker Ignatius von Loyola, sind sich jedoch zu Lebzeiten nicht begegnet. Und beide sind sie heute topaktuell, wenn es um die Frage geht, wie Spiritualität im Alltag konkret gelebt werden kann bzw. genauer, ob und wie sich das Frau- bzw. Mannsein und die soziale Herkunft auf die spirituelle Biografie von Männern und Frauen auswirken.

Zu diesen Fragen treffen sich Teresa, die jüdische Wurzeln hatte und als Frau nicht Theologie studieren konnte, und Ignatius, der einer adligen »altchristlichen Familie« entstammte und nach einer gescheiterten politisch-militärischen Karriere Theologe geworden war.

Vieles verbindet die beiden. Sie haben beide mutig Traditionen und Rollenmuster durchbrochen sowie Orden gegründet, in denen sie auf eine neue Weise Kontemplation und Engagement verknüpften. Doch in manchem unterscheiden sie sich. In diesem Buch treffen sich die beiden – sozusagen posthum – im 21. Jahrhundert an einem fiktiven Ort zu einem fiktiven Gespräch. Sie reden als »Kinder unserer heutigen Zeit« im Rückblick auf ihr Leben in Spanien im 16. Jahrhundert. Da sie jedoch die Schriften beider kennen, können sie ihre Aussagen immer unterlegen, ja manches direkt vorlesen. Im ersten Teil erzählen sie sich ihre Lebensgeschichten mit den je eigenen Gewichtungen und stellen Bezüge zu ihrer Spiritualität her. Im zweiten Teil besprechen sie grundlegende spirituelle Themen und klopfen dazu ihre Schriften auf biografische Prägungen hin ab. Da und dort ergeben sich wie selbstverständlich Bezüge zu Ereignissen nach ihrem Tod oder zu heute aktuellen Fragestellungen. Wir wünschen Ihnen eine spannende Lektüre und Entdeckungen, die Ihre persönliche Spiritualität bereichern.

Folgende Abkürzungen werden verwendet:

Schriften von Teresa von Ávila (übers. von Ulrich Dobhan OCD und Elisabeth Peeters OCD)

V	Das Buch meines Lebens
CC	Geistliche Erfahrungsberichte
CE	Weg der Vollkommenheit (Manuskript vom Escorial)
CV	Weg der Vollkommenheit (Manuskript von Valladolid)
Ct	Briefe (übersetzt von Erika Lorenz)
F	Das Buch der Gründungen
M	Wohnungen der inneren Burg
P	Gedichte

Schriften von Ignatius von Loyola

EB	Geistliche Übungen, übers. von Peter Knauer SJ
PB	Bericht des Pilgers, übers. von Michael Sievernich SJ
BU	Briefe und Unterweisungen, übers. von Peter Knauer SJ
GT	Geistliches Tagebuch, übers. von Peter Knauer SJ

I. Biografischer Zugang

1. Warum wir geschrieben haben

Das Buch meines Lebens – Der Bericht des Pilgers

Teresa

Wie schön, lieber Ignatius, dass wir uns begegnen können. Deine Mitbrüder, die Jesuiten, waren für mich wichtige Wegbegleiter und haben mir mit ihrer Spiritualität und ihrer Gabe der Unterscheidung wichtige Impulse gegeben. Wir lebten ja in einer verrückten Zeit. Du wurdest zwar ein Vierteljahrhundert vor mir geboren, aber wir erlebten beide die Zeit der Renaissance mit all den gesellschaftlichen und kirchlichen Veränderungen in Spanien. Vor unseren Augen entstand ein geeintes, mächtiges spanisches Königreich. Allerdings um den Preis der Vertreibung der jüdischen und der maurischen Bevölkerung und ein paar Jahrzehnte später der Ausbeutung der indigenen Bevölkerung in Amerika. Kolumbus war ja kurz nach deiner Geburt 1491 nach Amerika aufgebrochen und – stell dir vor – auch meine Brüder schifften sich später ein, um zum neuen Kontinent aufzubrechen. Eine faszinierende, aber auch schreckliche Zeit …
Nun aber zu uns selber, zu unseren Lebensgeschichten. Von uns beiden gibt es ja autobiografische Berichte. Deiner heißt »Pilgerbericht«. Wie kamst du, Ignatius, eigentlich dazu, deine Biografie zu erzählen und aufschreiben zu lassen – und unter den Titel »Pilgerbericht« zu stellen?

Ignatius

Gute Frage, Teresa, denn meine Biografie interessierte mich nie besonders. Es ging mir vielmehr immer darum, täglich dankend zurückzuschauen und nach dem Weg zu fragen, den Gott mit mir vorhatte, anders gesagt, nach dem »Willen Gottes zu suchen«. Es ging mir nie um ein biografisches Kreisen um meine eigene Person. Meine Mitbrüder drängten mich jedoch gegen Ende meines Lebens dazu, meinen Weg zu erzählen. Sie wollten so das Wirken Gottes in meinem Leben deutlicher erkennen und waren überzeugt, das helfe ihnen, den eigenen Weg mit Gott zu suchen und zu gehen. Das überzeugte mich, und so erzählte ich kurz vor meinem Tod meinem Mitbruder Luís Gonçalves da Câmara wichtige Stationen meiner Lebensgeschichte, und zwar aus der Perspektive eines Pilgers, der seinen Weg sucht und sich darin von Gott geführt und begleitet erfährt. Mein Mitbruder schrieb auf, was ich erzählte. So entstand eben weniger eine Autobiografie als vielmehr ein »Pilgerbericht«, mein Zeugnis vom Wirken Gottes in meinem Leben.
Aber wie war es denn bei dir, Teresa? Du hast in deinen Büchern ja viel aus deinem Leben erzählt, ja gar selber deine *Vida*, deine spirituelle Autobiografie, geschrieben. Ich gebe zu, dass ich vorerst – aufgrund meiner eher nüchternen Art vielleicht – mit deinem weitausholenden Erzählen meine liebe Mühe hatte. Aber je länger ich mich in deine Bücher vertiefte, desto mehr zog mich deine leidenschaftliche Gottsuche in Bann. So frage ich nun gerne dich: Wie kamst du dazu, von deinem Leben zu erzählen und gar deine *Vida*, »Das Buch meines Lebens«, zu schreiben?

Teresa

Auch ich wäre nie selber auf die Idee gekommen, meine Biografie aufzuzeichnen. Aber meine ersten geistlichen Begleiter, denen ich meine intensiven spirituellen Erfahrungen anvertraute, reagierten misstrauisch. Ich glaube, sie wussten nicht recht, was sie davon halten sollten. So trugen sie mir auf, meine Lebens- und Glaubenserfahrungen detailliert niederzuschreiben. Dadurch sollte klar werden, ob ich mich auf meinem spirituellen Weg im Rahmen des kirchlich Erlaubten bewegte. Sie forderten mich dadurch auch heraus, Sprache zu finden für die mystischen Erfahrungen, die mich oft überwältigt haben. Das war sehr schwierig. Wie sollte ich diese Erfahrungen für mich selber in Worte fassen? Wie sollte ich gar eine Sprache finden, die diese Erfahrungen andern vermitteln konnte?

Am leichtesten fiel mir immer das Erzählen – vor allem meinen Mitschwestern gegenüber –, das ich dann niederschrieb, quasi frisch von der Leber weg, ohne theologische Systematik. Für meine spirituellen Impulse brauchte ich am liebsten Bilder und Gleichnisse oder ich erzählte von eigenen Erfahrungen. Mir lag es immer daran, möglichst konkret zu reden oder zu schreiben. Ich konnte gar nicht anders. Und so verstanden mich auch die Schwestern am besten, unabhängig von ihrer Herkunft, unabhängig davon, ob sie gebildet waren oder Analphabetinnen. Meine *Vida* ist somit ebenfalls weniger eine Autobiografie als ein Erzählen meiner inneren und äußeren Erfahrungen, vor allem auch meiner oft schmerzhaften Suche nach Gott. Darin ist sie wohl deinem Pilgerbericht recht nahe, obwohl ich mir gut vorstellen kann, dass dir mein Stil fremd ist und ab und zu Mühe macht. Denn im Unterschied zu meinem spontanen, erzählenden Stil hast du deine Briefe und Texte mehrfach überarbeitet, bis sie deinem hohen Anspruch genügten. Deine Mitbrüder haben dann nach deinem Tod deine geistlichen Tagebucheinträge veröffentlicht und uns damit ein eindrückliches Zeugnis deines spirituellen Weges geschenkt. Das hat mich besonders berührt, weil auch du darin sehr persönlich von deinem spirituellen Suchen berichtest.

Doch nun möchte ich mich noch über unsere Herkunft, unsere Kindheit und Jugendzeit unterhalten. Das hilft bestimmt, uns besser zu verstehen.

2. Wie wir aufgewachsen sind und was uns als junge Erwachsene geprägt hat

Das Leben im Kloster – Die Karriere am Hof

Ignatius

Gern, liebe Teresa. Also: Ich hatte eindeutig bessere Startbedingungen als du, nicht nur weil ich ein Junge war, sondern auch, weil ich einer alten Adelsfamilie mit tadellosem altchristlichem Stammbaum entstammte, einer Familie »reinen Blutes«, wie es damals hieß. Das war für dich anders und du weißt wohl nur zu gut, welches Privileg meine Herkunft bedeutete. Du wurdest ja 1515 als Nachfahrin eines *Conversos*, also eines neubekehrten Juden, geboren.

Teresa

Ja, mein Großvater väterlicherseits war Jude und hatte gemäß dem Gesetz des »reinen Blutes« die Wahl, sich zu bekehren, auszuwandern oder des Landes verwiesen zu werden. Also ist er mit seiner Familie zum katholischen Glauben übergetreten. Später mehr dazu, was das für mich bedeutete.

Ignatius

Also, zurück zu mir: Ich war das jüngste von 13 Kindern und erhielt im Schloss meines Vaters in Loyola eine gute Erziehung. Ich konnte dank der Beziehungen meines Vaters schon mit 16 Jahren am Hof des königlichen Großschatzmeisters Velázquez de Cuellar in Kastilien meine höfische Beamtenkarriere beginnen. Dort lernte ich Verwaltungsaufgaben und Verhandlungsführung kennen. Diese Fähigkeiten kamen mir später sehr zugute. Wir Pagen wurden zudem mit der ritterlichen Kultur vertraut gemacht, was mich begeisterte. Du kannst dir vielleicht vorstellen, dass mein Leben ziemlich abenteuerlich war. Juan de Polanco, mein Sekretär, schrieb später über mich: »Er hütete sich nicht vor Sünden, sondern war besonders ausgelassen im Spiel und in Frauenabenteuern, in Raufereien und Waffenhändeln.«[1] Meine Nachfolger in der Leitung der Gesellschaft Jesu hatten später ihre liebe Mühe mit solchen Schilderungen. Allerdings nicht nur sie. Ich selber konnte mich innerlich immer weniger mit der Kultur der Loyolas identifizieren, die, zusammenfassend auf den Punkt gebracht, patriarchal, an männlich-ritterlichen Idealen orientiert, kriegerisch und auf Ehre *(honra)* fixiert war. Ich hatte noch einen sehr langen und schwierigen Weg vor mir, um mich selber und meine Berufung zu finden. Aber davon später mehr. Vorerst bin ich gespannt zu erfahren, woher du stammst und wie die Anfänge deines Lebens verlaufen sind.

Teresa

Gerne. Meine Herkunft unterscheidet sich deutlich von der deinen, Ignatius. Das hast du ja schon erwähnt. Deine Kindheit und Jugend scheint problemlos und gleichzeitig abenteuerlich gewesen zu sein. Vor allem öffnete dir deine Abstammung aus einer altchristlichen Adelsfamilie viele Türen wie zum Beispiel die zur Ausbildung am Königshaus in Kastilien.

Bei mir wäre das undenkbar gewesen. Mein jüdischer Großvater war mit seiner Familie nach seiner Konversion von Toledo nach Ávila gezogen, um dort nicht erkannt zu werden und der Ausgrenzung zu entgehen. Den konvertierten Juden und Jüdinnen wurde nämlich unterstellt, dass sie weiterhin im Verborgenen ihren jüdischen Glauben praktizieren. Kannst du dir vorstellen, was es bedeutete, Enkelin eines *Conversos* zu sein? Es hieß zum Beispiel, dass mein Großvater in Ávila durch Bestechung einen Adelstitel erwarb, damit er besser geschützt war und an den entsprechenden Privilegien teilhaben konnte. So musste er auch keine Steuern bezahlen und konnte seine Kinder standesgemäß verheiraten. Mein Vater vermählte sich zuerst mit einer »del Peso« und in zweiter Ehe mit einer »de Ahumada«, einer adligen Altchristin aus der Oberschicht von Ávila. Trotzdem blieb der Makel, jüdischer Abstammung zu sein, wenn auch vielleicht manchmal mehr im Gefühl als in der Realität. Da den *Converso*-Familien über Generationen hinweg Misstrauen entgegengebracht und ihnen bei jeder Gelegenheit unterstellt wurde, dass sie den neuen Glauben nur vortäuschten, wollten wir ihn besonders eifrig leben und uns gesellschaftlich so weit wie möglich absichern. Einige meiner Brüder haben auf diesem Hintergrund wie viele andere *Conversos* ihr Glück in Amerika versucht.

Ignatius

Das kann ich mir vorstellen, liebe Teresa, denn ich habe selber erlebt, wie die kirchlichen Autoritäten in Spanien verhindern wollten, dass *Conversos* in die Gesellschaft Jesu aufgenommen werden. Ich habe mich mit allen Kräften erfolgreich dagegen gewehrt und mit Diego Lainez gehörte sogar ein *Converso* zum engsten Kreis meiner ersten Gefährten. Die Auseinandersetzung mit Kardinal Silíceo, der mit allen Kräften die Durchsetzung der Statuten des »reinen Blutes« verfolgte, war allerdings sehr heftig. Silíceos Argumentation gegen die *Conversos* enthielt bedenklichste antijüdische Klischees vom Gottesmord der Juden bis zur jüdischen Weltverschwörung. Ich selber habe einmal gesagt, dass es für mich eine Ehre wäre, jüdischer Abstammung zu sein, weil ich so Jesus näher sein könnte.

Teresa

Das zu hören tut mir gut, lieber Ignatius, und ich schätze es sehr. In meinen neu gegründeten Klöstern durften die gesellschaftliche Herkunft und die Statuten des »reinen Blutes« auch keine Rolle spielen. Stell dir vor, ich hätte ja sonst selber nicht eintreten können!

Doch zurück zu unserer Jugendzeit: Ein weiterer grundlegender Unterschied zu dir war, dass ich als Mädchen keine Chance hatte, ritterliche Abenteuer zu bestehen, eine Beamtenlaufbahn einzuschlagen oder Theologie zu studieren. Wenigstens unterstützten mich meine Eltern immer. Sie lehrten mich sogar Lesen und Schreiben, was damals nur sehr wenigen Frauen ermöglicht wurde und das ich sehr liebte. In der Bibliothek meines Vaters fand ich religiöse Bücher. Später, in der Pubertät, las ich Ritterromane, die Lieblingsbücher meiner Mutter. Das gefiel mir. Ich begab mich in die Welt der vornehmen Damen, liebte schöne Kleider und sorgte dafür, dass ich attraktiv aussah. Du siehst, die ritterliche Welt war uns gemeinsam, für dich allerdings real, für mich im Lesen und im Spiel. Aber nicht nur das: Als kleines Mädchen wollte ich unbedingt als tapfere Märtyrerin im Kampf gegen die Mauren sterben. Ich hoffte, mir so den Himmel zu verdienen und der Höllenstrafe, die für jedes kleine Vergehen drohte, zu entgehen. Und tatsächlich zog ich als Kind eines Tages mit meinem Bruder los. Unser Unternehmen endete allerdings kläglich vor den Toren der Stadt, wo mein Onkel uns entdeckte und nach Hause zurückbrachte. Das war schlimm, denn im Unterschied zu dir blieb mir als Frau in der damaligen Gesellschaft nur die Alternative Heirat oder Kloster. Wenn ich mir dazu das Schicksal meiner Mutter vor Augen hielt, die nach der Geburt des zehnten Kindes – ich war damals 13 Jahre alt – mit 35 Jahren ganz entkräftet gestorben war, war Heirat kein Weg für mich. Andererseits wollte ich auch nicht ins Kloster, denn diese Variante hatte ich bereits kennengelernt. Mein Vater hatte mich nämlich mit 14 Jahren ins Internat der Augustinerinnen gesteckt, damit ich gutes Benehmen lerne und überhaupt alles, was ein junges Mädchen aus gutem Hause wissen musste. Dort begegnete ich zwar glaubwürdigen Ordensfrauen und fühlte mich auch bald wohl, aber ich hatte Mühe mit der Art der dortigen Frömmigkeitsübungen. Zudem hatte ich schon damals Ohnmachtsanfälle und Fieberschübe. Deshalb holte mein Vater mich nach eineinhalb Jahren wieder nach Hause. Aber von da an hatte ich zeitlebens mit Krankheiten zu kämpfen. Das kanntest du, lieber Ignatius, ja nur zu gut mit deinen Beschwerden nach der Kriegsverletzung und den Folgen deiner übertriebenen Bußübungen, wie du später selber schriebst.

Also: Es stimmt, unsere Herkunft und unsere erste Lebensphase waren sehr verschieden. Ich war geprägt durch die Folgen, die die jüdische Herkunft mit sich brachte, und durch die gesellschaftliche und kirchliche Diskriminierung als Frau bzw. die Festlegung auf die Rolle zu heiraten und Kinder zu gebären oder ins Kloster zu gehen. Schließlich plagte mich die verbreitete Höllenangst. Mir setzte das alles sehr zu und es machte mir Angst, obwohl ich eigentlich ein fröhlicher Mensch war.
In diesem Dilemma entschied ich mich mit zwanzig Jahren – gegen den Willen meines Vaters – für das Kloster. Nicht aus Begeisterung, sondern um im Kloster zu büßen und so der Hölle zu entgehen sowie mich der Herrschaft eines Mannes so weit wie möglich zu entziehen.

3. Grenzerfahrungen in der Lebensmitte und was darin gewachsen ist

Herumgetrieben auf dem stürmischen Meer – Die Verwundung und die Folgen

Ignatius

Tatsächlich, Teresa, meine Welt war wirklich eine ganz andere. Nach meiner Ausbildung am Hof hoffte ich auf eine große Karriere und träumte von ritterlichen Großtaten. Bald bot sich anlässlich der Verteidigung der Festung Pamplona gegen die Franzosen eine hervorragende Gelegenheit, meinen Mut und meine Tüchtigkeit zu beweisen. Da die Lage aussichtslos war, dachte die kastilische Truppe bereits ans Kapitulieren. Nun wollte ich meinen Mut unter Beweis stellen. Ein Zeuge berichtete später über mich: »Angetrieben von seiner Kühnheit und seinem heißen Wunsch nach Ehre … sprengte [er] mit einer kleinen Gruppe Soldaten im Galopp in die Stadt hinein.«[2] Und was geschah? Eine Kugel zertrümmerte mein rechtes Bein – und es kam noch schlimmer: Nach dem mühsamen Transport in das Schloss meiner Familie in Loyola mussten die Ärzte nochmals alles aufschneiden und die Knochen neu richten. Das setzte mir so sehr zu, dass die Ärzte mit meinem Tod rechneten. Ich erholte mich dann zwar, jedoch nur langsam. Die Zeit im Bett vertrieb ich mir mit Ritterphantasien und dem Träumen von Heldentaten. Wie du, Teresa, hätte ich gerne Ritterromane gelesen. Doch es waren keine im Haus. Meine Schwägerin Magdalena brachte mir dann zwei religiöse Bücher, nämlich eine »*Vita Christi*« und eine Sammlung von Heiligenlegenden. Was mich sowohl bei den Ritterromanen wie bei den Heiligenlegenden interessierte, waren die Heldentaten. Ich träumte immer noch davon, etwas Besonderes zu vollbringen. Manchmal dachte ich an Heldentaten als Ritter, manchmal an ein heroisches Leben als Heiliger.

Teresa

Oh Ignatius! Ich habe dir ja schon erzählt, wie ich als Heldin gegen die Mauren kämpfen und als Märtyrerin sterben wollte. Da das nicht möglich war, entschied ich mich fürs Kloster, um, wie schon gesagt, der Hölle zu entkommen und patriarchalen Zwängen weniger ausgeliefert zu sein. Dort suchte ich über viele Jahre meinen ganz eigenen Weg als Frau. Meine praktische Begabung und meine Kontaktfreudigkeit schützten mich vor allzu verstiegenen Träumen.
Doch wie hast du, Ignatius, vom Träumen ins reale Leben gefunden?

Ignatius

Mit der Zeit brachte mich die radikale Unterbrechung meiner Karriere in eine Krise, die mich zum Nachdenken zwang und zu einer grundlegenden Umorientierung führte. In den langen Stunden auf meinem Krankenbett entwickelte und vertiefte sich meine Selbstwahrnehmung. Ich stellte fest, dass die Träume von Ritterabenteuern und Heldentaten mich leer zurückließen, während ich nach der Beschäftigung mit spiritueller Literatur eine positive Energie in mir spürte und ich mich bestärkt und getröstet fühlte. Die früheren Karriereziele kamen mir zunehmend leer und sinnlos vor. So entschied ich mich, in meinem Leben neue Prioritäten zu setzen.

Teresa

Ich staune über deine entschiedene Neuorientierung, Ignatius. Bei mir zog sich der Prozess der Umorientierung viel länger hin. Du weißt ja um die Schwierigkeiten in unseren Klöstern. Es gab zwar viele eifrige Mitschwestern, aber die Bedingungen waren für das kontemplative Leben nicht günstig. In »meinem« Kloster der Menschwerdung lebten 180 Nonnen, die auch aus purer wirtschaftlicher Not viele Außenkontakte pflegten. Es ging zu wie in einem Bienenhaus. Die vielen mündlichen Gebete im Auftrag unserer Wohltäter erlebte ich oft als äußerliche Pflichterfüllung und meine Seele fand kaum Nahrung. Aber es gab etwas ganz Entscheidendes, das mich in diesen schwierigen Jahren, in diesem Hin und Her getragen hat, nämlich das innere Gebet. Es war jedoch ein langer und schwieriger Weg. In meiner *Vida* schrieb ich über diese stürmische Zeit: »Weil ich mich an dieser starken Säule des inneren Gebetes festklammerte, trieb ich mich fast zwanzig Jahre auf diesem stürmischen Meer herum mit diesem Fallen und Aufstehen, aber das nur schlecht – denn ich stürzte wieder … Ich kann nur sagen, dass das eine der mühseligsten Lebensweisen ist, die man sich meines Erachtens vorstellen kann, denn weder erfreute ich mich Gottes, noch fand ich in der Welt mein Glück« (V 8,2). Es war sehr hart und ich litt an meinem inneren Zwiespalt, hin- und hergerissen zwischen meinen vielen Kontakten sowie weltlichen Zerstreuungen und meiner Freundschaft mit

Jesus. Trotzdem: Das innere Beten vertiefte sich und wurde immer mehr zur tiefsten Quelle meiner Spiritualität.

4. Spiritueller Angelpunkt

Bei Christus verweilen wie bei einem Freund – Gott und seinen Willen suchen und finden

Teresa

Ich hatte diese »Säule des inneren Betens« mit dem Buch »Das dritte geistliche Alphabet« des Franziskaners Francisco de Osuna kennengelernt. Mein Onkel Pedro hatte es mir gegeben, als ich 1538, schwer erkrankt, auf dem Weg zu einer Heilerin war. Dieses Buch lehrte mich, dass Beten etwas ganz Einfaches und sehr Persönliches ist, und mir wurde bewusst, dass ich in meiner Kindheit quasi selbstverständlich so gebetet hatte. Ich hatte mir zum Beispiel vorgestellt, mit Jesus am Ölberg zu verweilen. In meiner *Vida* beschrieb ich diese Weise zu beten später als *trato de amistad*, als Freundschaftspflege mit Gott: Inneres Gebet ist »nichts anderes ... als Verweilen bei einem Freund, mit dem wir oft allein zusammenkommen, einfach um bei ihm zu sein, weil wir sicher wissen, dass er uns liebt« (V 8,5).

Ignatius

Ich bin berührt, wie du von deiner jahrelangen Krise und deinem Weg zum inneren Beten erzählst. Auch mir war es sehr wichtig, mit Christus im Gespräch zu sein wie mit einem Freund. Und doch gab es, so scheint es mir, einen typischen Unterschied. Du betontest das Verweilen bei Christus, »einfach um bei ihm zu sein, weil wir sicher wissen, dass er uns liebt« (V 8,5). Ich habe in meinem Exerzitienbuch geschrieben: »Das Gespräch wird gehalten, indem man eigentlich spricht, so wie ein Freund zu einem andern spricht oder wie ein Knecht zu seinem Herrn« (EB 54). Dabei ging es mir zentral darum zu erkennen, »was ich für Christus tun soll« (EB 53).

Das war dir auch wichtig, das weiß ich. Doch im Unterschied zu dir entwickelte ich nicht eine eigene Form des inneren Betens und Verweilens, sondern die Methode der »Geistlichen Übungen« mit dem Ziel, Gott und seinen Willen zu suchen und zu finden bzw. Christus »mehr zu erkennen, um ihm mehr zu dienen und nachzufolgen« (EB 130). Wie ich es den Übenden nahelegte, beendete ich dazu selber jeden Tag mit dem »Examen«, dem »Gebet der liebenden Aufmerksamkeit«, wie manche diese Übung gerne nennen. Dabei führte ich mir den vergangenen Tag vor Augen und bedachte ihn dankend, klagend und bittend vor Gott. Dieses Gebet wurde mir zur wichtigsten Viertelstunde des Tages. Ich dankte für Geschenktes und Gelungenes, bat um Vergebung für meine Verfehlungen und um Kraft, Mut und Beistand auf das Kommende hin.

In meinem Exerzitienbuch habe ich alle meine geistlichen Übungen systematisch zusammengestellt und da steht am Schluss jeder Übungseinheit das Gespräch mit Gott. Das war mir sehr wichtig, da ich dazu anleiten wollte, radikal Gott und seinen Willen zu suchen. Auch in der geistlichen Begleitung von Menschen vertraute ich zutiefst darauf, dass Gott in jedem Menschen einmalig wirkt und Gottes Wille ein Liebeswille ist. Ich versuchte deshalb konsequent, auf Beeinflussung zu verzichten. Das war in der damaligen Zeit gar nicht selbstverständlich. Das hast du ja mit manchen Beichtvätern schmerzlich erlebt.

Teresa

Was du sagst, lieber Ignatius, bewegt mich. Es ist deine große Stärke, das Wesentliche knapp und klar auf den Punkt zu bringen. Was mir zusätzlich sehr gefällt, ist, dass du schriebst »Gott umfängt uns«. Du bist ja sonst eher zurückhaltend mit dem Ausdruck von Gefühlen – im Unterschied zu mir! Wobei, du lässt in den Exerzitien sogar um Gefühle bitten, zum Beispiel bei der Betrachtung der Auferstehung: »Gnade erbitten, um fröhlich zu sein und mich innig zu freuen …« (EB 221). Einig sind wir uns allerdings darin, dass Gefühle nicht das Entscheidende sind.
Ich muss sagen, Ignatius, ich finde unser Gespräch spannend und erhellend. Unsere Herkunft, unsere Lebensform und unser Geschlecht spiegeln sich offensichtlich in unserer Spiritualität. Du warst viel – oft allein – unterwegs, ein Pilger, und dein Angelpunkt war die Suche nach dem Willen Gottes im Hier und Jetzt. In langjähriger Arbeit hast du deine Übungen systematisiert und damit für unzählige Übende zugänglich gemacht.
Dies war weniger meine Art. Ich lebte im Kloster in einer Gebetstradition, die das mündliche Beten betonte – mit der Gefahr, dass das gemeinsame Stundengebet ohne eine echte, spirituelle Gottesbeziehung »absolviert« wurde. Das klingt vielleicht etwas despektierlich. Aber ich litt darunter und dies trug wesentlich dazu bei, dass mir das innere Gebet so wichtig wurde. Wir waren also beide aus unterschiedlichen Gründen herausgefordert, eine eigene Spiritualität und Ge-

betspraxis sozusagen neu zu erfinden. Für dich waren das Betrachten des Weges Jesu und das aufmerksame Wahrnehmen der inneren Regungen zentral, eine Praxis, die du in der langen Genesungszeit auf dem Krankenbett begonnen hattest. Für mich war es ein langjähriger, schwieriger Prozess, in dem ich – auch dank guter Begleitung durch studierte und mit mystischen Erfahrungen vertraute Theologen – lernte, meine inneren Erfahrungen zu verstehen, sie zu beschreiben und ihnen zu vertrauen. Dabei spielte die Lektüre, wie auch für dich, eine zentrale Rolle – wobei mir manche Bücher, vor allem auch die Bibel, in spanischer Sprache verboten waren. Darunter litt ich sehr. Aber noch wichtiger als die Lektüre waren für mich die Gespräche. Ich bin ja ein sehr kommunikativer Mensch und hatte Gott sei Dank die Möglichkeit, mit meinen Mitschwestern, mit Freundinnen außerhalb des Klosters und mit meinen Beichtvätern Gespräche zu führen. Einige von ihnen verstärkten allerdings, wie ich dir schon erzählt habe, meine Angst davor, meinen mystischen Erfahrungen zu vertrauen und meinen eigenen Weg zu gehen. Wie du weißt, wurde damals Frauen mit mystischen Erfahrungen schnell unterstellt, die Erfahrungen seien nicht echt oder gar, der Teufel sei am Werk. Vielleicht hat mich auch das aufgrund meiner jüdischen Vorfahren tief in mir verankerte Bemühen, eine besonders gute Christin zu sein, zusätzlich verunsichert und meine Angst, eine Sünderin zu sein, verstärkt.

Doch zurück zu dir: Du hast gesagt, dass du nach deiner langen Zeit der Genesung neue Prioritäten gesetzt hast. Was hast du denn verändert?

5. Krisenerfahrungen: Skrupel und Ängste

Unwürdig für das innere Beten – Rigorismus als Versuchung

Ignatius

Ja, ich wollte nach meiner großen Krise neu beginnen. Doch habe ich mit der Zeit gemerkt, dass meine Vorstellungen immer noch von großen heldenhaften Taten geprägt waren. Ich träumte zwar nicht mehr vom Ritterdasein, wollte mich nun jedoch strengster Askese unterwerfen. Als Erstes wollte ich eine Wallfahrt nach Jerusalem unternehmen, ohne Geld, nur im Vertrauen auf den Beistand Gottes, um anschließend bei den Kartäusern in den strengsten mir bekannten Orden einzutreten, dort in Einsamkeit zu leben und mich äußerst strengen Bußübungen zu unterziehen. Ich verließ also das Schloss unserer Familie in Richtung Barcelona, um dort ein Schiff für die Überfahrt zu finden. Meine vornehmen Kleider verschenkte ich an einen Armen. Für mich selber ließ ich ein Pilgergewand aus Sackleinen nähen. Ich ließ die Haare wachsen, kämmte sie nicht und schnitt meine Fingernägel nicht. Ich gestehe, dass ich es mit der Askese übertrieb.

Ich erzähle dir eine kleine Begebenheit, die deutlich macht, wie unreif ich mit dieser Radikalität war: Ich begegnete unterwegs einmal einem Mauren und wir diskutierten über die Jungfräulichkeit Mariens, die der Mann bezweifelte. Als er davonritt, blieb ich mit dem schlechten Gefühl und der Frage zurück, ob ich feige meinen Glauben verraten hatte. Ich erwog, den Mauren wieder einzuholen und ihm wegen der Verletzung der Ehre der Gottesmutter Dolchstöße zu versetzen. Ich überlegte hin und her, was der Wille Gottes sei, konnte ihn jedoch nicht erkennen. Schließlich kam eine Weggabelung und ich überließ die Entscheidung Gott, indem ich die Zügel meines Maultiers losließ und es den Weg wählen ließ. Wenn es den Weg des Mauren wählte, würde ich zur Tat schreiten. Doch das Maultier nahm den anderen Weg. Du siehst, liebe Teresa, wie unreif und blind ich in meinem Eifer noch war. Immerhin hat mich meine Erfahrung aus der Genesungszeit, Entscheidungsfragen Gott hinzulegen, vor dem falschen Weg bewahrt.

Teresa

Ja, da hat dich deine Erfahrung offensichtlich gerettet. Für mich waren Übereifer und Askese nicht das Problem, vielmehr übergroße Ängste und Selbstzweifel. Mein geistlicher Freund Jerónimo Gracián hat einmal über mich geschrieben: »Sie war auch ängstlich, besaß so wenig Selbstvertrauen und Glauben an ihre große Begabung, wie ich es sonst bei keinem meiner weiblichen Beichtkinder gefunden habe.«[3] Ich selber beschrieb meine existenzielle Not einmal so: Ich sah »überall nur Schwierigkeiten, wie einer, der in einem Fluss schwimmt und fast am Ertrinken ist, während er überall, wo er aus dem Wasser steigen könnte, eine noch größere Gefahr befürchtet« (V 23,12). Es war wirklich schlimm. Oft »war ich vor lauter Angst ganz niedergeschlagen und in Tränen aufgelöst. Denn ich wollte Gott wirklich gefallen und konnte mich nicht zur Überzeugung durchringen, dass der Böse im Spiel wäre, fürchtete aber, dass Gott mich wegen meiner großen Sünden so blind machte, dass ich es nicht erkannte« (V 23,12). Gott sei Dank aber gaben mir der Pfarrer Gaspar Daza von Ávila und mein theologisch gebildeter Verwandter, Francisco de Salcedo, denen ich als Ersten meine mystischen Erfahrungen anvertraute und die meinten, ich sei noch zu wenig tugendhaft und meine inneren Erfahrungen stammten vermutlich vom Teufel, wenigstens den Rat, mich mit einem deiner Mitbrüder, dem jungen Jesuiten Diego de Cetina, zu besprechen. Dieser verstand mich und ermutigte mich sogar sehr, meinen eigenen Weg weiterzugehen.

Allerdings: Zu meiner großen Ängstlichkeit gehörte, wie gesagt, auch ein übergroßes Sündenbewusstsein, welches damals allgemein verbreitet war. Ich schrieb zum Beispiel auf eine Generalbeichte hin all meine Sünden auf und hielt dazu in meiner *Vida* später fest: »Ich erinnere mich, dass es mich äußerst niedergeschlagen und zutiefst bedrängt machte, als ich nach der Niederschrift so viele Bosheiten und fast nichts Gutes sah« (V 23,15). Das Gefühl, den Anforderungen der Gesellschaft und der Kirche nicht zu genügen, begleitete mich immer, natürlich verstärkt durch meine *Converso*-Herkunft, was bedeutete, die gesellschaftlichen Regeln und kirchlichen Gebote besonders aufmerksam einzuhalten. Die kirchliche Verkündigung mit ihren angstmachenden Höllenpredigten tat dann das Ihre noch dazu.

Stell dir vor, lieber Ignatius, mit diesen Ängsten und Qualen lebte ich fast 20 Jahre. Ich gab sogar mein inneres Beten zeitweise auf, weil ich warten wollte, »bis ich ganz von Sünden rein wäre. Auf was für einen Irrweg war ich mit dieser Hoffnung geraten« (V 19,11)!

Doch wie war das denn bei dir? Kanntest du keine solchen Ängste?

Ignatius

Jein, das heißt, die Angst, als Sünder verloren zu sein, hatte ich natürlich auch, aber nicht vergleichbar mit den Ängsten, die dich plagten und die zusätzlich damit zu tun hatten, dass du eine Frau und Nachfahrin eines *Converso* warst. Meine dominante Angst war, in der Nachfolge Jesu zu wenig eifrig zu sein. Ich erzähle dir dazu gerne von meiner Erfahrung mit der Generalbeichte: Ich war auf dem Weg nach Barcelona und nahm mir im Kloster Montserrat drei Tage Zeit, um meine Lebensbeichte vorzubereiten und abzulegen. Doch ein paar Tage später – ich war bereits in Manresa – begann eine wochenlange Zeit schwerer innerer Kämpfe und starker Anfechtungen, verbunden mit massiven Skrupeln und der Angst, dass ich nicht alles gebeichtet hatte und somit die Lebensbeichte nicht gültig war. Ich ging wieder und wieder zur Beichte, aber es half nichts. Ich kam nicht zur Ruhe. Meine Skrupel plagten mich immer stärker. Ich konnte nachts nicht schlafen, schrie laut zu Gott in meiner Not und hatte mehrmals den Gedanken, mich in meiner Zelle durch ein Loch in den Abgrund zu stürzen. Mich bewahrte nur das Bewusstsein, dass Selbsttötung eine Todsünde ist, vor diesem Schritt. Auch beschloss ich, weder zu essen noch zu trinken, bis ich geheilt wäre. Gott sei Dank verbot mir mein Beichtvater dies. Doch dann überkam mich eines Tages plötzlich ein Widerwille gegen meine bisherige Lebensweise. Im Pilgerbericht steht dazu: »Damit wollte der Herr ihn wie aus einem Schlaf (Traum) aufwecken. ... Und so beschloss er mit großer Klarheit, von den vergangenen Dingen nichts mehr zu beichten. So blieb er von diesem Tag an frei von jenen Skrupeln« (PB 25). Du siehst, Teresa, meine Skrupel und die strenge Askese, mein Rigorismus und mein Selbsthass führten mich an den Rand der Selbstzerstörung. Mich trieb nicht die Angst vor der Verdammnis, sondern der ritterliche Übereifer, selber aus mir einen Heiligen zu »machen«. Einige Wochen später wurde mir meine tiefste mystische Erfahrung geschenkt. Dies war am Fluss Cardoner.

Doch zuerst zu dir: Gab es für dich auch eine ganz besondere, entscheidende mystische Erfahrung, die dich tief verändert hat?

6. Durchbruchserfahrungen durch mystische Heimsuchung

Der leidende Christus – Der Blick in den Fluss

Teresa

Oh ja! Doch muss auch ich dazu noch etwas genauer über die vorhergehende und bei mir – im Unterschied zu dir – auch nachfolgende qualvolle Zeit berichten. Ich habe dir ja von meiner Not erzählt, vom Hin- und Hergerissensein zwischen der Hingabe an Gott und der Versuchung, mich in oberflächlichen Gesprächen und Standesdünkel zu verlieren. Ich gestehe, ich beharrte gerne auf meiner *honra* und genoss meinen privilegierten Status als Angehörige des niederen Adels. Das klösterliche Besuchszimmer, in das mich meine Oberin oft schickte, um Wohltäter und Wohltäterinnen bei Laune zu halten, glich manchmal einem Damensalon. Zudem war eine große Schwäche von mir, dass ich, wenn jemand mich gern mochte und mir diese Person gefiel, zu ihr eine solche Zuneigung fasste, dass ich immer an sie denken musste. Diese starken emotionalen Bindungen verstärkten meine Zerrissenheit und schadeten meiner Seele. In meiner *Vida* schrieb ich: »So begann ich also, von Zeitvertreib zu Zeitvertreib, von Eitelkeit zu Eitelkeit … mich sehr bedenklichen Gelegenheiten so stark auszusetzen …, dass ich mich sogar schämte, mich in einer so besonderen Freundschaft, wie es das Verweilen im Gebet ist, Gott erneut zuzuwenden. ... Das war der schrecklichste Irrtum, zu dem mich der Böse unter dem Anschein von Demut verleiten konnte, dass ich nämlich begann, mich vor dem inneren Beten zu fürchten ... Es schien mir besser zu sein, ... nur mündlich die Gebete zu verrichten, zu denen ich verpflichtet war« (V 7,1). Und dann, endlich, eines Tages, als ich in der Fastenzeit den Gebetsraum betrat, sah ich die Statue des gemarterten Christus mit ganz neuen Augen. Ich war tief erschüttert. In meiner *Vida* schrieb ich, »dass es mir war, als würde es mir das Herz zerreißen. Aufgelöst in Tränen warf ich mich vor ihm nieder und flehte ihn an, mir ein für alle Mal Kraft zu geben, ihn nicht mehr zu beleidigen« (V 9,1).

Mir war schlagartig bewusst geworden, wie sich Gott durch Jesus in meine Zerrissenheit und Zwiespältigkeit einlässt und mich in meiner Verlorenheit sucht. Von da an vertiefte sich mein inneres Gebet und ich empfahl meinen Mitschwestern, »bei Christus zu sein, und ... sich sehr in seine heilige Menschheit zu verlieben, ihn immerfort bei sich zu haben und mit ihm zu sprechen, ihn in seinen Nöten zu bitten, sich in seinen Plagereien bei ihm zu beklagen, in glücklichen Stunden sich mit ihm zu freuen …, ohne sich um vorformulierte Gebete zu bemühen« (V 12,2). Trotzdem kamen mir wieder Zweifel, ob mein Weg des inneren Gebets richtig sei und ob ich mich nicht einer Selbsttäuschung hingab. Ich habe dir schon davon berichtet, wie Pfarrer Daza von Ávila und mein Verwandter Salcedo meine Zweifel und meine Not noch verstärkten, dein Mitbruder Diego de Cetina mich jedoch ermutigte, mit dem inneren Beten fortzufahren.

Gleichzeitig wurden mir in dieser Zeit weiterhin vielfältige mystische Erfahrungen zuteil. Zuerst waren es Worte, die Gott mir innerlich zusprach, wie zum Beispiel »*Hab' keine Angst, Tochter, ich bin es und ich werde dich nicht im Stich lassen; fürchte dich nicht«* (V 25,18). Oder als die Inquisition neben der Bibel viele in der Volkssprache geschriebene Bücher verbot, die mir auf dem Weg zum inneren Beten eine große Hilfe gewesen waren, vernahm ich innerlich die Worte »*Sei nicht betrübt, denn ich werde dir ein lebendiges Buch geben«* (V 26,5). Oder ich erfuhr die Gegenwart Jesu Christi so, als ginge er neben mir, allerdings ohne ihn mit meinen äußeren Sinnen wahrzunehmen. Wie sollte ich das nur meinem Beichtvater erklären? Ich fand keine passenden Vergleiche!

Doch trotz meiner zutiefst erschütternden Christusbegegnung und Umkehrerfahrung sowie den vielfältigen mystischen Erfahrungen war es noch ein weiter, langer und schmerzlicher Weg, bis ich den intensiven mystischen Erfahrungen, die ich beim inneren Beten machte, zu trauen wagte.

Das war, soviel ich weiß, bei dir anders. Aber erzähl du selber.

Ignatius

Gerne. Deine Christusbegegnung und weiteren mystischen Erfahrungen, Teresa, lassen mich an meine Erfahrungen in Manresa denken. Nachdem ich von meinen Skrupeln, wie gesagt, frei geworden war, wurden mir entscheidende mystische Erfahrungen geschenkt. Oftmals sah ich Christus, den menschgewordenen Gott, in hellem Licht. Die wichtigste Erfahrung, die Erfahrung innerster Wandlung, widerfuhr mir, wie schon angedeutet, als ich hoch über dem Fluss Cardoner saß und auf das fließende Wasser blickte. Im Pilgerbericht steht dazu: »Als er so dasaß, begannen sich die Augen des Verstandes zu öffnen.

Nicht dass er eine Erscheinung (visión) gehabt hätte, vielmehr verstand und erkannte er viele Dinge, sowohl geistliche als auch solche des Glaubens und der Wissenschaft; und dies mit einer so großen Erleuchtung ..., dass ihm alle Dinge neu erschienen ... Durch dieses Ereignis wurde sein Verstand so nachhaltig erleuchtet ..., dass ihm schien, er sei ein anderer Mensch geworden« (PB 30). Ja, stell dir vor, es gab in meinem ganzen weiteren Leben keine Erfahrung, die darüber hinausging – und, wie du es auch gesagt hast, diese Erfahrung lässt sich nur andeutungsweise in Worte fassen. Jerónimo Nadal, einer meiner ersten Gefährten, formulierte die Frucht dieser Erfahrung so: Er – also ich – sei nun fähig, »Gott in allen Dingen zu finden«. Tatsächlich: In allen Erfahrungen, Geschöpfen und Situationen entdeckte ich Gottes Gegenwart. Alles wurde mir zum Anlass, Gott anzubeten und zu dienen. *En todo amar y servir*, »In allem lieben und dienen« wurde zum Leitwort meines Exerzitienbuches (vgl. EB 233), das ich von da an laufend weiterentwickelte.

Was ich sagen kann, Teresa: Aufgrund der Erfahrungen in Manresa war mein weiterer Weg von einem tiefen Vertrauen und einer großen Klarheit geprägt. Ich musste nicht mehr mit Zweifeln und Ängsten kämpfen wie du.

7. Theologie und Spiritualität

Die Bibliothek von Onkel Pedro – Latein pauken und Theologie studieren

Teresa

Tatsächlich, lieber Ignatius, ich litt im Unterschied zu dir noch viele Jahre, bis ich wirklich auf die uneingeschränkte Liebe Gottes vertrauen konnte. Deine Erfahrungen in Manresa jedoch sind mir sehr nahe. So schrieb ich einmal in meiner *Vida*: Die »Seele erlebt im Nu, dass sie wissend ist und dass ihr das Geheimnis der allerheiligsten Dreifaltigkeit und weiterer ganz erhabener Dinge so deutlich erklärt wird, dass es keinen Theologen gibt, mit dem sie nicht über die Wahrheit dieser Großtaten zu disputieren wagte« (V 27,9).
Damit hatte ich mich allerdings weit aus dem Fenster gelehnt. Wie du weißt, redete ich meistens von den Theologen als den »Studierten« und betonte ihre Überlegenheit gegenüber mir als »ungebildeter Frau«. Das war natürlich notwendig in einer Zeit, in der den Frauen keine intellektuellen Fähigkeiten zugetraut wurden und sie nicht zur Universität zugelassen wurden. Ich bedauerte immer sehr, dass ich nicht Theologie studieren konnte. Du hattest es als studierter Theologe natürlich leichter, deine Erfahrungen eigenständig zu verstehen und zu reflektieren.

Ignatius

So klar war das nun auch wieder nicht, liebe Teresa. Ich muss jedoch etwas ausholen. Ich dachte ja zuerst gar nicht daran, Theologie zu studieren. Nach meiner Bekehrung pilgerte ich als Erstes nach Jerusalem, um im Heiligen Land auf den Spuren Jesu ein kontemplatives Leben zu führen und daneben Menschen auf ihrem geistlichen Weg zu begleiten. Doch dies wurde mir, wie vielen anderen, vom Oberen der Franziskaner, der für die Pilger zuständig war, verboten. Ich ging also wieder zurück nach Spanien und musste neu nach meiner Lebensaufgabe suchen. Es wurde mir immer deutlicher bewusst, dass ich Menschen auf dem Weg zu Gott begleiten wollte und dass dafür ein Studium wichtig war. So entschloss ich mich als 33-Jähriger, in Barcelona mit den Grundlagen zu beginnen und wie ein Gymnasiast Latein zu pauken. Doch entsprechend meiner Berufungserfahrung in Manresa pflegte ich den Kontakt mit Klöstern in der Stadt, setzte mich für Arme und Kranke sowie in der Glaubensunterweisung und in geistlicher Begleitung ein. Diese Engagements führte ich auch während meines Philosophiestudiums in Alcalá weiter. Doch damit rief ich die Inquisitoren auf den Plan. Sie verdächtigten mich, einen Kreis von Alumbrados um mich zu scharen, von Leuten, die den unmittelbaren Zugang zu Gott mittels des inneren Betens und privater Erleuchtung, ohne kirchliche Unterweisung und Sakramente, suchten. Ich wurde für einen Monat inhaftiert und durfte mich nicht weiter seelsorgerlich betätigen, bevor ich vier Jahre Theologie studiert hätte. Daher entschied ich mich, in Salamanca weiterzustudieren und dort seelsorgerlich zu wirken. Dort wurde ich wieder vernommen und ein zweites Mal ins Gefängnis gesteckt. Auch wurde das frühere Verbot bestätigt. Doch das konnte ich nicht akzeptieren. Ich entschloss mich, Spanien zu verlassen und in Paris meine Studien fortzusetzen. Dort erwarb ich das Lizenziat und den Magister und ich konnte, was mir besonders wichtig war, für mein Anliegen Gefährten gewinnen. Auf der Grundlage der Exerzitien, die ich ihnen gab, wuchsen eine gemeinsame spirituelle Ausrichtung und ein entschiedenes diakonisches Engagement. Diego Lainez, einer meiner Gefährten, formulierte es einmal so: »Unsere Absicht in Paris war, … uns in Armut in den Dienst Gottes ... zu stellen und uns dem Dienst am Nächsten zu widmen durch Predigen und Dienste im Krankenhaus.«[4] Am 15. August 1534 verpflichteten wir uns verbindlich für dieses gemeinsame Engagement und legten in der Kapelle St. Denis auf dem Montmartre das Gelübde der Armut und der Keuschheit ab.

Theologie war also für mich ein Mittel, meine Spiritualität sowie die Geistlichen Übungen zu vertiefen und in Kirche und Gesellschaft wirken zu können. Ich kann nur ahnen, liebe Teresa, wie schmerzlich es für dich gewesen sein muss, dass dir sowohl das Theologiestudium wie auch das Apostolat, das missionarische Wirken, verboten waren. Doch wie ging dein Weg weiter, nachdem du deinen mystischen Erfahrungen zu vertrauen gelernt hattest? Und wie wichtig waren Gefährtinnen für dich?

8. Freundinnen und Gefährten

Der revolutionäre Zirkel in der Klosterzelle – Die Gefährten an der Universität

Teresa

Ich kann mir meinen Weg ohne die vielen Kontakte mit Freundinnen und Freunden sowie ihre Unterstützung gar nicht vorstellen, zum Beispiel ohne die Freunde, die ich im Haus von Doña Guiomar, einer mutigen Frau, die mich auf meinem Weg sehr bestärkt hatte, kennenlernte. Sie wohnte übrigens gleich neben dem Kolleg der Jesuiten, was den Kontakten zwischen mir und den Jesuiten zugutekam. Doña Guiomar setzte zum Beispiel, um mich zu unterstützen, alle Hebel in Bewegung, als meine mystischen Erfahrungen durch meine geistlichen Begleiter in Frage gestellt wurden. Als sie davon hörte, dass Pedro de Alcántara, ein franziskanischer Mystiker, nach Ávila kam, erwirkte sie bei meinem Provinzial, dass ich eine Woche bei ihr wohnen konnte, um diesem Mystiker ungestört begegnen zu können. In den Gesprächen mit ihm wurde ich tief darin bestärkt, auf dem richtigen Weg zu sein. Zudem knöpfte er sich meine ängstlichen Beichtväter vor, sodass sie mich fortan in Ruhe ließen.

Eines Tages traf sich ein kleiner Kreis von Freundinnen – überwiegend Mitschwestern und weibliche Verwandte von mir, dazu Doña Guiomar – in meiner Zelle. Wir sprachen über die Frage einer Klosterneugründung. Ein Gedanke, der mich seit einiger Zeit beschäftigt hatte. Da ich nicht wie Theologen, Mön-

che oder Priester predigen oder lehren durfte, sah ich meine Berufung immer deutlicher darin, Christus hier im Kloster, wo ich lebte, nachzufolgen und die karmelitanische Lebensform radikaler im Sinn der ursprünglichen Regel zu leben. Doña Guiomar, meine Freundin, unterstützte mich sofort darin, ein neues Kloster zu gründen, und überlegte bereits das konkrete Vorgehen.
Du siehst, wie wichtig dieser Kreis von Freunden und Freundinnen für mich war. Doch wie ging es denn mit deinem Kreis der Gefährten weiter?

Ignatius

Wie du weißt, war ich nach meiner Bekehrung ein einsam Suchender. An den ersten Studienorten, in Alcalá und Salamanca, gewann ich jedoch Freunde und Freundinnen und begann, Menschen im Glauben zu begleiten. In der Studienzeit in Paris schließlich wurden mir wunderbare Gefährten geschenkt. Wir trafen uns regelmäßig zum Essen und Diskutieren, machten am Sonntag Ausflüge aufs Land und feierten gemeinsam Gottesdienst. Am wichtigsten waren uns unser verbindliches Zusammenleben, unser Gelübde, die gemeinsame Spiritualität und unser Engagement.
Bevor ich jedoch erzähle, wie es weiterging, möchte ich gerne von dir hören, wie es mit deiner Klostergründung weiterging.

9. Neuanfänge und wie alles anders kam

Der wankelmütige Obere – Das Schiff, das nicht fährt

Teresa

Wenn ich an die vielen Gespräche und Beratungen rund um das Projekt der Neugründung zurückdenke, wird mir bewusst, wie anders für dich der Neuanfang in Paris war. Du warst ja jetzt Theologe mit all den Möglichkeiten, die Laien und insbesondere Frauen nicht hatten, und konntest deine Berufung leben.
Mein Projekt eines neuen Klosters, obwohl sehr klug eingefädelt, stieß von Anfang an auf massiven Widerstand. Die Behörde der Stadt stellte sich quer, weil sie neue finanzielle Verpflichtungen fürchtete. Unser Provinzial, der zunächst die Erlaubnis gegeben hatte, bekam kalte Füße und zog seine Zustimmung zurück. Ich war sehr enttäuscht. Für mich waren diese Männer »trockene Rosmarinzweiglein …, [die] abbrechen, sobald es Widersprüche oder Redereien hagelt« (CC 3,1). Zudem herrschte im Menschwerdungskloster helle Empörung über mich, weil ich das Kloster verlassen wollte.
Da ich jedoch tief überzeugt war, dass ein neues Kloster Gottes Wille war, suchte ich neue Wege. Ich holte mir die Unterstützung deiner jesuitischen Brüder in Ávila, die mich gut berieten. Über meine Schwester und mit der finanziellen Unterstützung meines Bruders erwarb ich heimlich ein kleines Haus, und angesehene Unterstützer konnten die Zustimmung des Bischofs einholen. Am 24. August 1562 zelebrierte ein

befreundeter Priester im kleinen Kreis meiner Freunde und Freundinnen in dem bescheidenen Häuschen die erste heilige Messe und setzte das Allerheiligste ein, womit das neue Kloster konstituiert war. Zugleich empfingen die ersten vier Novizinnen das Ordenskleid. Ich war überglücklich. Gleichzeitig begann – wie du dir gewiss vorstellen kannst – wieder ein großes Kesseltreiben. Meine Priorin und der Ordensobere wiesen mich scharf zurecht, weil ich alles hinter ihrem Rücken in die Wege geleitet hatte, und der Stadtrat ging juristisch beim königlichen Rat gegen mein Unternehmen vor. Es war einzig meinen einflussreichen Förderern und Freundinnen zu verdanken, dass die Klage schließlich zurückgezogen wurde.

Ignatius

Oh, wenn ich von dieser abenteuerlichen Gründung und all den Widerständen höre, wird mir bewusst, wie schwierig ein solches Unternehmen für dich war – als Frau gegen massiven Widerstand: politisch durch den Stadtrat, kirchlich durch die Priorin und den Ordensoberen, im Kloster durch deine Mitschwestern. Ja, liebe Teresa, das innere Beten und dein Gottvertrauen müssen dich in all den Schwierigkeiten getragen haben, dass du so unbeirrt dranbliebst. Trotzdem wäre das alles nicht denkbar gewesen ohne deine ganz besonderen Gaben: deine praktische Klugheit, deine Fähigkeit, Freundschaften zu pflegen und Beziehungen spielen zu lassen, sowie deinen Mut, originelle Wege zu wagen – sozusagen am Rande der Legalität.

Teresa

Danke für deine Wertschätzung. Wie schön, dass du mich verstehst. Ich war nämlich manchmal sehr niedergeschlagen, doch Gott hat mir immer wieder neu den Weg gewiesen. Und tatsächlich, ohne die Ermutigung und Unterstützung meiner lieben Freundinnen und Freunde wäre das Kloster nicht gegründet worden.
Nun aber bin ich gespannt zu erfahren, wie es bei dir nach dem Anfang in Paris weiterging.

Ignatius

Auch bei mir kam einiges anders als gedacht. Meine Gefährten und ich kamen nämlich im Laufe unserer Zeit in Paris zum Entschluss, gemeinsam nach Jerusalem zu pilgern und dort zu klären, ob wir bleiben und dort wirken oder wieder zurückkehren sollten. Aber wegen der kriegerischen Situation im Mittelmeerraum fuhr kein Schiff. So engagierten wir uns eine Zeitlang in und um Venedig und entschieden dann, uns dem Papst in Rom für Seelsorge und den Dienst an den Armen zur Verfügung zu stellen. Bald tauchte jedoch eine weitere, grundsätzliche Frage auf: Sollte jeder von uns unabhängig von den andern seinen eigenen Auftrag wahrnehmen oder sollten wir uns eine verbindliche und auf Dauer angelegte Struktur geben? Wir entschieden, uns drei Monate Zeit zu nehmen, um diese Frage zu klären. In Entsprechung zu den Exerzitien wollten wir in einem gemeinsamen Entscheidungsprozess nach dem Willen Gottes für uns suchen. Als Erstes einigten wir uns auf das Vorgehen. Wir wollten nicht diskutieren, sondern wir legten die

Reihenfolge der zu klärenden Fragen fest und nahmen jeweils eine Frage pro Tag mit ins Gebet und in die Arbeit. Abends tauschten wir unsere Pro- und Contra-Argumente aus. Wir hörten einander offen zu und vertieften die Argumente im respektvollen Gespräch. Diesen Prozess des gemeinsamen Hörens auf Gottes Geist wiederholten wir so lange, bis sich ein Konsens einstellte. Auf diesem Weg kamen wir zum Schluss, dass es Gottes Wille war, dass wir in einer verbindlichen Gemeinschaft leben. In der Folge erarbeiteten wir mit derselben Methode die konkrete Struktur der Gemeinschaft. So entstanden die ersten Grundlagen der Gesellschaft Jesu – nicht durch meine Vorgabe, sondern in einem gemeinsamen spirituellen Prozess, der zu einem ganz neuen Typ von Orden führte.

Du siehst, ich bin da sehr methodisch vorgegangen, wie schon in meinem Exerzitienbuch. Und ich hatte im Unterschied zu dir in dieser Phase nicht mit Widerständen zu kämpfen. So verschieden unsere Rahmenbedingungen und unsere Möglichkeiten als studierter Mann bzw. als Frau waren, so verschieden waren unser Vorgehen und unsere Erfahrungen. Was uns verbindet, war die kompromisslose Suche nach neuen gemeinschaftlichen Formen, die dem Willen Gottes für unser Wirken in Kirche und Welt entsprachen. Doch nun erzähle du, wie es mit deiner Neugründung ging und welche Ausrichtung dein neues Kloster hatte.

10. Spiritualität und gemeinsames Leben

Je zwei Stunden für Kontemplation und Austausch – contemplativus in actione

Teresa

Das war natürlich ganz anders als bei dir bzw. euch. Es war eben für mich spannend zu hören, wie sorgfältig und strukturiert ihr nach dem Willen Gottes gesucht habt. Mir wird nun klar, wie »deine« Jesuiten im Kolleg in Ávila, die mich beraten und geistlich begleitet haben, durch und durch von deiner Methode geprägt waren.

Nun aber zu deiner Frage nach der Ausrichtung unserer Gemeinschaft im neu gegründeten Kloster. Für mich war das Entscheidende, wieder zum ursprünglichen Sinn der Spiritualität des Karmel zu finden. Statt der 180 Nonnen im Menschwerdungskloster wollte ich eine kleine Gemeinschaft, die sich an Jesus mit seinen Jüngern orientiert. Deshalb sollten es höchstens 12 Schwestern und zusätzlich die Priorin sein, analog zu den 12 Aposteln in Gemeinschaft mit Jesus, die in der Ausrichtung auf Gott kontemplativ zusammenleben. In dieser Gemeinschaft sollte es keine gesellschaftliche Hierarchie geben, ebenfalls im Unterschied zum Menschwerdungskloster, wo es reichere Nonnen gab, wie ich eine war, die ihre Bediensteten mit ins Kloster nahmen, und daneben arme, die Not litten. Es war mir ein sehr großes Anliegen, dass alle Frauen gleichwertig waren und wir entgegen dem gesellschaftlichen und kirchlichen Trend auch Nachfahrinnen von *Conversos*, wie ich ja selber eine bin, aufnahmen. Deshalb legte

ich großes Gewicht auf die spirituelle Begleitung und Unterweisung aller Mitschwestern mit ihren je verschiedenen Hintergründen, von der einfachen Analphabetin vom Land bis zur gebildeten Aristokratin. Solche Unterweisungen zum inneren Beten hielt ich in meinem Buch »Weg der Vollkommenheit« fest. Sie waren mir sehr wichtig, da das innere Gebet damals überhaupt nicht selbstverständlich, sondern sehr gewagt war. Es hieß oft, es sei gefährlich, sich auf einen solchen innerlichen Weg zu begeben. Es hieß zum Beispiel: »›Da drohen Gefahren‹, ›Lieschen Müller ist auf diesem Weg ins Verderben gestürzt‹ …, ›das ist nichts für Frauen, denn da kommen ihnen Illusionen‹, ›die sollen lieber spinnen‹, ›solche Leckerbissen brauchen die nicht‹, ›es reicht das *Vaterunser* und das *Ave Maria*‹« (CE 35,2). Bitter, nicht wahr!?
Doch zurück zu den Grundsätzen für mein Kloster. Mir war die Autonomie sehr wichtig. Die kleine kontemplative Gemeinschaft sollte nicht von allerlei zweifelhaften oder echten Wohltätern oder Klerikern abhängig sein, die sich in das klösterliche Leben einmischen wollten. Deshalb schützte ich die Gemeinschaft durch eine konsequent gelebte Klausur vor Außeneinflüssen.
Weiter führte ich eine andere Tagesstruktur ein. Neben dem Chorgebet und der Handarbeit waren täglich je zwei Stunden für gemeinsames kontemplatives Gebet – jeweils in aller Frühe und am späten Nachmittag – und für Austausch, Begegnung – jeweils mittags und abends – eingeplant. Ganz neu war auch meine Deutung des kontemplativen Lebens als eine eigene Form des Apostolats. Dieses Verständnis war meine Antwort auf die Not, als Frau kein tätiges Apostolat ausüben zu dürfen.

Schließlich war es mir wichtig, so zu wohnen wie die meisten nicht adligen Menschen damals, nicht mehr in einem großen Prunkbau, sondern in einem einfachen kastilischen Haus mit schlichter Einrichtung. Mit dem Kloster San José ging für mich ein lange gehegter, tiefer Herzenswunsch in Erfüllung, und die ersten Jahre in dieser Gemeinschaft gehörten für mich zu den schönsten meines Lebens.
Doch was war denn für dich, Ignatius, »ein ganz neuer Typ von Orden«, wie du vorher gesagt hast?

Ignatius

Im Unterschied zu euch im Karmel sahen wir unsere Berufung nicht primär im kontemplativen Leben und im Apostolat des Gebets, sondern im Apostolat als Einsatz für die Armen und im Verkünden der frohen Botschaft, was euch Nonnen ja verboten war. Du hast bereits erzählt, wie sehr du darunter gelitten hast. Für uns bedeutete diese Ausrichtung, dass das den Tag strukturierende gemeinsame Chorgebet nicht möglich war. Überhaupt waren die meisten von uns sehr viel unterwegs, mit den unterschiedlichsten Aufgaben an den unterschiedlichsten Orten tätig. Es gab keine festen Gebetszeiten. Wenn möglich, feierten wir aber gemeinsam Eucharistie. Ich selber begann den Tag mit der Eucharistiefeier und nahm mir anschließend meistens zwei Stunden Zeit fürs Gebet und für Betrachtung. Gerade in der Eucharistiefeier wurden mir intensive Gotteserfahrungen geschenkt und oft notierte ich in meinem geistlichen Tagebuch einfach die Worte »unter Tränen«. Damit meine ich nicht einfach intensive Gefühle, sondern das tiefe Durchdrungensein von der lebendigen Gegenwart Gottes. In diesen Momenten wurde mir oft Klarheit in Bezug auf grundlegende Fragen des jungen Ordens geschenkt, z.B. zur Frage der Armut.

Doch zurück zu unserem Ordensleben. Für alle galt, sich während des Tages und vor allem am Abend im »Gebet der liebenden Aufmerksamkeit« immer wieder auf den Willen Gottes hin auszurichten. Zweimal im Leben nahmen wir uns in den vierwöchigen Exerzitien Zeit, grundlegend nach unserer Lebensberufung zu suchen. Grundsätzlich ging es mir um eine spirituelle Praxis, die sich mit unserem apostolischen Engagement verbinden ließ. Unser Gefährte Jerónimo Nadal brachte das einmal so auf den Punkt: »Man muss es oft bedenken, dass die vita activa und contemplativa gemeinsam ihren Weg gehen müssen. ... So reift eine ›vita activa superior‹ heran, in der Tat und Beschauung eins geworden sind ... Mit einem Wort: Das Wirken der Liebe, die ganz eins ist mit Gott: das ist das vollendete Tun!«[5]

Teresa

Entschuldige, wenn ich dich unterbreche: Ich möchte noch auf die Frage der Armut des Ordens, die du eben erwähnt hast, eingehen. Uns beiden war Armut sehr wichtig, aber nicht so absolut wie zum Beispiel für Franziskus von Assisi, sondern soweit sie als Mittel zu dem Ziel, in Freiheit unseren Dienst an Gott und den Menschen zu leben, diente. In meinen Klöstern war Armut wichtig, weil sie uns Frauen aus der Abhängigkeit von Spendern befreite, die oft nur allzu gern ins Klosterleben eingegriffen hätten. In der Stadt war das möglich, Gott sei Dank. Aber auf dem Land, wo es kaum Almosen gab, war die Situation anders. Da waren meine Klöster auf die Unterstützung durch Adlige angewiesen und folglich manchmal mit entsprechenden Schwierigkeiten konfrontiert.

Ignatius

Das war für uns Jesuiten, die wir Männer waren, natürlich ganz anders. Du hast eindrücklich erzählt, wie du deine Berufung darin erfahren hast, wieder zur ursprünglichen Inspiration des Karmel zurückzukehren, ohne die Kompromisse, die du im Menschwerdungskloster erlebt hattest. Geleitet von deinen eigenen Erfahrungen mit Gott griffst du jedoch nicht nur auf die alte Regel zurück, sondern du entwickeltest deine eigene neue Form des klösterlichen Lebens.
Wir hatten im Unterschied zu dir kein Modell und keine Regel, auf die wir uns hätten berufen können. Ich ging von meinen Lebenserfahrungen aus und entwickelte mit meinen Gefährten nach und nach die Satzungen der Gesellschaft Jesu. Als wir sie den kirchlichen Autoritäten vorlegten, gab es von der Kurie heftigen Widerstand. Diese hätte es, wenn schon, lieber gesehen, wenn wir einen bestehenden Orden reformiert hätten. Aber das konnten wir mit unserer Berufung ja nicht und ich gestehe, es war schon ziemlich revolutionär, einen neuen, nicht kontemplativen »Orden« zu gründen, in dem die bisherigen typischen Elemente nicht vorgesehen waren: das Kloster als fester gemeinsamer Wohnsitz, das Ordenskleid als Unterscheidungsmerkmal zum »Leben in der Welt«, das Chorgebet als Unterbrechung im gemeinsamen Tagesrhythmus. Unsere Mission, unsere Berufung war es, den Kontakt zu den Menschen zu suchen und sie für Gott zu gewinnen. Dafür brauchte es Mobilität,

zeitliche Flexibilität und die Nähe zu den Menschen oder, wie es mein Mitbruder Nadal formulierte: »Die Menschen würden sich von uns abwenden und unsere Freundschaft fliehen, wenn sie in uns Leute sähen, die sich sehr vom Gewohnten unterscheiden hinsichtlich Kleidung, Nahrung usw. Die Ähnlichkeit fördert Freundschaft und Vertrautheit.«[6]

Teresa

Das verstehe ich gut. Es ist für mich wirklich nachvollziehbar und überzeugend. Ich bin sehr dankbar für das, was du mit deinen Gefährten der Kirche und der Welt geschenkt hast. Gleichzeitig schmerzt es mich, wenn ich dich so reden höre. Wie gerne hätte ich auch apostolisch gewirkt. Du weißt es.

Trotzdem: Auch mein konsequenter Einsatz für ein einfaches Leben und die Gleichwertigkeit aller Schwestern war kirchlich und gesellschaftlich ein starkes Zeichen im damaligen Spanien, in dem die *honra*, der standesgemäße Ehrenkodex, so bestimmend war. Im neuen Kloster gab es keine »adligen Schwestern mit Bediensteten« mehr und ich war nicht mehr Doña Teresa de Ahumada y Cepeda, sondern Teresa de Jesús. Wie war das befreiend, lieber Ignatius!

Doch wie habt ihr, Ignatius, euer Apostolat, euer Engagement ohne Kloster gestaltet? Welche Schwerpunkte habt ihr gesetzt?

11. Engagement und Apostolat

»Die Welt steht in Flammen« – Seelen retten

Ignatius

Wie ich dir erzählt habe, habe ich am eigenen Leib erfahren, wie wichtig das Studium der Theologie war, damit ich seelsorgerlich wirken konnte. Also legte ich großen Wert darauf, dass in unseren sogenannten Kollegien nicht nur Adlige und Wohlhabende, sondern Männer aus allen Schichten unentgeltlich studieren konnten. Es war mir wichtig, ihnen einerseits die humanistische Bildung, eine Errungenschaft der Renaissance, zu vermitteln. Andererseits ging es mir um eine ganzheitliche Bildung, die auch Spiritualität und Engagement einbezog. Die Studenten mussten sich also auch sozial engagieren, z. B. als Krankenpfleger in Hospitälern.
Wobei, liebe Teresa: Ich habe eben wie selbstverständlich davon gesprochen, dass unsere Kollegien für alle Männer offen waren und – wie damals üblich – nicht auch für Frauen. Das musstest du ja schmerzlich erfahren. Es war ja schon nicht selbstverständlich, dass du – Gott sei Dank – in deinem Elternhaus Lesen und Schreiben lernen konntest.

Teresa

Ja, das stimmt. Stell dir vor, ich hätte es nicht gekonnt. Undenkbar. Doch sprich weiter, es ist so spannend.

Ignatius

Einen anderen Schwerpunkt setzte ich von Anfang an bei der Verkündigung und der Seelsorge. Du hast ja selber erfahren, wie es der Kirche an echten Seelsorgern fehlte, die zum einen nicht nur auf Pfründe und Gewinn aus waren und zum andern kompetent predigen sowie Menschen geistlich begleiten konnten. Wir wollten also die Seelsorge neu beleben, und zwar für alle Stände. Wir gingen auf die Straßen zu den Armen und an die Fürstenhöfe zu den Adligen. In der Verkündigung bezogen wir neue Formen ein, zum Beispiel Theater und Musik, entsprechend dem mir so wichtigen Grundsatz, Gott in allem zu suchen und zu finden.

Zur Seelsorge gehörte für uns auch zunehmend der Missionsauftrag für die ganze Welt. Er drängte sich uns aufgrund der Entdeckung und Kolonialisierung neuer Länder in Amerika und Asien geradezu auf. Wir wollten mit der Kultur der Einheimischen in diesen Ländern vertraut werden und sie in ihrem Menschsein und ihrer Würde ernst nehmen, damit sie nicht schutzlos der Ausbeutung ausgeliefert waren. Ein Beispiel mit großer Ausstrahlung sind die sogenannten Reduktionen, die erst nach meinem Tod errichtet wurden, jedoch ganz in meinem Sinn und Geist. Meine Brüder bauten in Brasilien und Argentinien zusammen mit Einheimischen eigene, wirtschaftlich und kulturell autonome Gemeinwesen auf. Diese wurden später, nach über 150 Jahren, brutal zerstört. Sie waren dem Geist des Kolonialismus diametral entgegengesetzt.

Teresa

Weißt du was, Ignatius? Mir lag das Schicksal der Indios auch sehr am Herzen. Als Frauen konnten wir uns zwar nicht direkt engagieren, aber wir verbanden uns in den Gebeten mit der engagierten Liebe Christi für das Heil auch dieser Menschen.

Ignatius

Wie kostbar, Teresa, dass wir bei all den Unterschieden, die unser Geschlecht und unsere Herkunft für unser Wirken bedeuteten, in unseren Anliegen tief verbunden waren. Doch zurück zu den Schwerpunkten unseres Lebens als Jesuiten. Neben der Bildung, der Seelsorge und der Verkündigung lag mir von Anfang an das Engagement für die Armen am Herzen. Auch das wurde nicht von allen gern gesehen. Dazu nur ein Beispiel: Nachdem ich in Rom für Prostituierte das Haus Sankt Marta gegründet hatte, trotz der Skepsis mancher Freunde, verbreiteten die abgewiesenen Freier allerlei verleumderische Gerüchte über mich, sodass ich beim Papst verklagt wurde, allerdings dieses Mal ohne weitere Folgen.
Nun habe ich aber viel über die Ausrichtung und die Schwerpunkte der Gesellschaft Jesu berichtet. Was löst es bei dir aus, Teresa, wenn du von unserem vielfältigen Engagement hörst? Du hast ja so sehr darunter gelitten, dass du weder seelsorgerlich noch missionarisch wirken durftest.

Teresa

Oh ja, und wie! In der Not unserer Zeit wollte ich mich unbedingt aktiv in der Welt engagieren. Ich habe einmal zu meinen Schwestern gesagt: »Die Welt steht in Flammen! ... und da sollen wir Zeit vergeuden … Nein, meine Schwestern, nein, es gibt keine Zeit, um mit Gott über Geschäfte von wenig Bedeutung zu verhandeln« (CE 1,5). Es war für mich keineswegs verständlich, wieso Frauen nicht auch im Apostolat und im Engagement für die Armen wirken sollten. Ich litt sehr unter diesen Fesseln, wurde aber nicht verstanden. Stell dir vor, die Zensoren strichen zum Beispiel die folgende Passage aus meinem »Weg der Vollkommenheit«: »Du, Herr meiner Seele, dir hat vor den Frauen nicht gegraut …, im Gegenteil, du hast sie immer mit großem Mitgefühl bevorzugt und hast bei ihnen genauso viel Liebe und mehr Glauben gefunden als bei den Männern … Reicht es denn nicht, Herr, dass die Welt uns eingepfercht und für unfähig hält, in der Öffentlichkeit auch nur irgendetwas für dich zu tun, was etwas wert wäre, oder es nur zu wagen, ein paar Wahrheiten auszusprechen, über die wir im Verborgenen weinen, als dass du eine so gerechte Bitte von uns nicht erhörtest? Das glaube ich nicht …, denn du bist ein gerechter Richter, und nicht wie die Richter dieser Welt, für die, da sie Söhne Adams und schließlich lauter Männer sind, es keine Tugend einer Frau gibt, die sie nicht für verdächtig halten. O ja, mein König, einmal muss es doch den Tag geben, an dem man … erkennt …, dass es keinen Grund gibt, mutige und starke Seelen zu übergehen, und seien es die von Frauen« (CE 4,1).

Ja, meine Sehnsucht, apostolisch zu wirken, zu predigen und zu lehren, war so groß, dass ich schrieb, die Seele würde sich »am liebsten mitten in die Welt hineinstürzen, um zu sehen, ob sie mithelfen könnte ... Und wenn es eine Frau ist, reibt sie sich wund an der Fessel, die ihr ihre Natur auferlegt, da sie das nicht tun kann, und ist neidisch auf diejenigen, die die Freiheit haben, um mit lauter Stimme zu verkünden, wer dieser große Gott … ist« (6M 6,3).
Allerdings hat mich die unveränderliche Realität spirituell dazu gebracht, meinen Schwestern zu schreiben: »Ihr würdet es ja liebend gerne tun [apostolisch wirken], aber da ihr weder lehren noch predigen dürft, wie es die Apostel taten, wisst ihr nicht wie. ... Abgesehen davon, dass ihr im Beten viel helfen könnt, sollt ihr nicht aller Welt von Nutzen sein wollen, sondern denen, die in eurer Umgebung leben … Meint ihr, dass es nur wenig Gewinn ist, wenn eure Demut, eure Einübung ins Ich-Sterben, der Dienst an allen Schwestern, eine große Liebe zu allen und die Liebe zum Herrn so groß sind, dass dieses Feuer alle Schwestern ansteckt ...?« (7M 4,14). Du hörst sicher heraus, Ignatius, dass hinter diesen Aussagen ein langer, schmerzlicher Suchweg steht. Wie beneide ich dich, dass du als Mann und mit den Möglichkeiten, die dir deine adlige Herkunft eröffnete, leben und wirken konntest.
Ich resignierte jedoch, wie du eben gehört hast, nicht. Ich entschied mich, in den neu gegründeten Klöstern eine alternative Gemeinschaft aufzubauen, in der Frauen gleichberechtigt, unabhängig vom Stand und von ihrer religiösen Herkunft zusammenleben konnten, geschützt vor patriarchalen Zugriffen von Männern. Für mich war es immer eine große Gunst, »die

der Herr ihnen [den Schwestern] erwiesen hat, indem er sie für sich auserwählt und davon befreit hat, einem Mann unterworfen zu sein, der ihnen oftmals ihr Leben ruiniert und gebe Gott, nicht auch ihre Seele« (F 31,46).
Du kannst dir vorstellen, Ignatius, dass mein Engagement nicht nur nicht verstanden, sondern sogar bekämpft wurde. Ich habe dir ja schon erzählt, auf welche Widerstände ich bei der ersten Klostergründung in Ávila gestoßen bin. Bei späteren Gründungen wurde es noch schlimmer. Doch bevor ich weitererzähle: Wie bist du mit Widerständen umgegangen? Das interessiert mich brennend.

12. Umgang mit Widerständen und Grenzen

Häuser besetzen – Sich gegenüber der Inquisition verteidigen

Ignatius

Du weißt ja von den verschiedenen Inquisitionsprozessen, die ich in Spanien am Hals hatte. Insgesamt waren es acht. Als am Ende meiner Studienzeit das letzte Mal Klagen wegen meiner Exerzitientätigkeit eingereicht worden waren, wurde ich selber beim Inquisitor vorstellig. Dieser lobte zwar die mitgebrachten Notizen zu meinen Exerzitien, wollte gar eine Kopie, aber keinen formellen Freispruch erteilen. Deshalb verlangte ich einen offiziellen Termin und nahm selber einen Notar mit, der ein ausführliches Protokoll erstellte. Ich wurde dann freigesprochen.

Aber auch im Zusammenhang mit der Anerkennung des Ordens durch den Papst hatte ich mit Widerstand zu kämpfen. Das Problem war, dass wir neue Schwerpunkte setzten und nicht wie die bisherigen Orden ein regelmäßiges Stundengebet pflegten. Ich musste alle Hebel in Bewegung setzen und bei einflussreichen Würdenträgern Lobbyarbeit betreiben. Schließlich wurde die Anerkennung im Herbst 1540 feierlich vollzogen

Und ein letztes Beispiel: Mir und meinen Mitbrüdern wurde von Gegnern vorgeworfen, wir seien verkappte Lutheraner, die Unmoral und falsche Lehren verbreiteten. Dadurch wurden die kirchlichen Autoritäten skeptisch und die Gläubigen vertrauten uns nicht mehr. Unser Wirken in Rom war gefährdet. Ich handelte sofort und reichte beim zuständigen Kardinal eine Klage ein, worauf die Verleumder verurteilt wurden. Trotzdem: Diese Erfahrungen beeinflussten die Schlusspassagen des Exerzitienbuches. Ich grenzte mich deshalb gegenüber reformatorischen Positionen deutlich ab und betonte die Rechtgläubigkeit, engagierte mich jedoch dafür, durch unsere Lebensweise und Pastoral unsere Kirche zu reformieren. Doch genug damit. Wie bist du, Teresa, mit den vielen Widerständen umgegangen?

Teresa

Danke fürs Erzählen, Ignatius. Es ist interessant: Ich musste mich – als Nonne im Zusammenhang mit Klostergründungen – vor allem mit Hausbesitzern, örtlichen Behörden, Bischöfen und Vorgesetzten des Ordens herumschlagen. Mehrmals wandte ich mich sogar an den König.
Bei der Inquisition wurde ich zwar dreimal verklagt, aber nie verurteilt, sicher dank meiner Beichtväter, die ich sehr bewusst aussuchte. Einer war gar selber Inquisitor. Sie haben mich angehalten, meine Erfahrungen schriftlich festzuhalten, damit sie diese beurteilen konnten. Ab und zu strichen sie gewisse Passagen, die gefährlich hätten werden können. Ich habe dir ja schon ein Beispiel erzählt. Allerdings waren sich meine Beichtväter nicht immer einig. Stell dir vor, ich habe auf Anweisung eines Beichtvaters gar meine »Gedanken zum Hohenlied« verbrannt. Es gezieme sich nicht, dass eine Frau die Heilige Schrift, erst recht das Hohelied, erkläre, meinte er. Doch Domingo Báñez, ein anderer Beichtvater, der mich immer förder-

te, approbierte die Schrift. Er war ein angesehener Theologieprofessor und erstellte für die Inquisition fachliche Gutachten. Gott sei Dank gab es noch eine Abschrift, die erhalten geblieben war. Ganz anders als du konnte ich mich kaum selber für mich einsetzen. Ich war auf einflussreiche Männer und Frauen angewiesen.

Übrigens fällt mir auf, dass es im Unterschied zum Orden des Karmel bei euch Jesuiten keinen weiblichen Zweig gab und gibt. Das ist doch schade! War das für dich überhaupt ein Thema?

13. Beziehung zum andern Geschlecht

»Nicht alle Nonnen dürfen das« – Vorsicht ist geboten

Ignatius

Da muss ich etwas weiter ausholen, Teresa. Ich traf oft, schon zu Beginn meines Studiums in Barcelona, spirituell suchende Frauen, denen ich meine Exerzitien gab. Ich glaube, sie spürten, dass da endlich jemand war, der sie in ihrem Suchen ernst nahm. Mit manchen pflegte ich ein freundschaftliches Verhältnis, was prompt zu Verdächtigungen und Anklagen führte. Es war in der damaligen Zeit wirklich nicht einfach, als Mann Frauen auf Augenhöhe geistlich zu begleiten. Du hast ja davon erzählt, wie schwierig es für dich war, Begleiter zu finden, die dich ernst nahmen und verstanden – und dass du gerade auch bei den Jesuiten welche gefunden hast, die dich im Verstehen deiner mystischen Erfahrungen unterstützten. Dies im Unterschied zu den ängstlichen und bornierten Beichtvätern, die vor allem bei Frauen schnell das Wirken des Teufels witterten, ganz im Sinn des bereits berühmt-berüchtigten »Hexenhammers«, der Frauen als besonders anfällig für das Wirken des Satans beschrieb und ausführlich vorgab, wie dies durch brutale Foltermethoden zu beweisen sei. Aber bleiben wir nicht da stehen. Diese Erinnerung ist für dich bestimmt schrecklich, wie ja auch für mich. Wir Jesuiten wehrten uns auf jeden Fall gegen diesen Hexenwahn. Unser Mitbruder in Deutschland, Friedrich Spee, riskierte 1631 mit seiner Schrift gegen den Hexenhammer gar sein Leben.

Aber nun zu den Jesuitinnen. Es gab welche. Doch es war eine heikle Angelegenheit. Wie erwähnt, waren für uns Begegnungen mit Frauen auf Augenhöhe selbstverständlich, weswegen ich schon in Spanien bei der Inquisition angeklagt wurde, und nachdem wir in Rom das Haus Sankt Marta für Prostituierte gegründet hatten, führte das eben zu übler Nachrede und wir wurden beim Papst angeklagt. Es hieß, jeder von uns halte im Haus Sankt Marta Konkubinen. Das ließ mich sehr vorsichtig werden; trotzdem frage ich mich nun, ob ich zu wenig mutig und zu sehr meinem Milieu verhaftet war.

Eine andere Schwierigkeit war, dass den Frauen das für uns zentrale apostolische Wirken strikt untersagt war. Wobei: Es gab eine prominente Jesuitin. Sie hieß Johanna und war die Tochter des Königs Karl V. und Regentin von Spanien. Sie legte im Geheimen die ersten Gelübde ab und stellte mich vor vollendete Tatsachen. Ich war nicht begeistert, stimmte jedoch zu, sie unter strengster Geheimhaltung in die Gesellschaft Jesu aufzunehmen. Zur Sicherheit gab ich ihr ein männliches Pseudonym. Ich gebe zu, liebe Teresa, es fällt mir nicht leicht, dir dies so offen zu erzählen. Aber so war es halt. Mateo Sánchez, so ihr Pseudonym, war sehr willensstark und machte mir mehrmals das Leben schwer. Andererseits war sie uns Jesuiten mit ihrem politischen Einfluss eine große Stütze im Kampf gegen den Widerstand konservativer Kirchenmänner, und so waren wir froh, dass sie bis zu ihrem Tod Jesuitin blieb.

Vor allem erinnere ich mich jedoch an Isabel Roser. Ich schrieb einmal, dass ich ihr mehr verdanke »als allen anderen Menschen, die ich hienieden kenne«. Sie hatte mich seit Barcelona auf vielfältige Weise unter-

stützt und war mir zeitlebens eine sehr treue Gefährtin, was natürlich immer wieder zu reden gab. Nachdem ihr Mann gestorben war, zog sie zu uns nach Rom und wollte unbedingt Jesuitin werden. Ich war, wie du nun bereits weißt, skeptisch. Schließlich wandte Isabel sich direkt an den Papst und dieser gebot mir, sie und einige andere Frauen, die mit ihr nach Rom gekommen waren, in unseren Orden aufzunehmen. An Weihnachten 1545 legten sie und zwei weitere Frauen ihre Gelübde ab. Doch Isabel war sehr eigenwillig und die Mitbrüder hatten keine Erfahrung in der Zusammenarbeit mit Frauen. Schließlich erlaubte mir der Papst, die Frauen wieder von ihren Gelübden zu entbinden. Es ist eigentlich ein trauriges Kapitel, das du hier mit der Frage nach einem weiblichen Zweig unseres Ordens angeschnitten hast, Teresa. Vor allem dir gegenüber fällt es mir nicht leicht, davon zu reden. Du warst doch auch eigenwillig – aber offensichtlich gleichzeitig sehr gewinnend und klug, gerade auch im Umgang mit Männern.
Doch noch etwas: Bereits 1609 gründete die Engländerin Mary Ward den Orden der Mary-Ward-Schwestern. Sie übernahm weitgehend unsere Ordensregel, da sie weder ein klösterliches Leben führen noch eine Ordenstracht tragen, sondern wie wir apostolisch und öffentlich wirken wollte – was du, Teresa, dir ja auch so sehr gewünscht hattest. Leider wurde ihre Ordensregel in Rom nicht bestätigt und Mary Ward konnte zu ihren Lebzeiten nur einen Bruchteil ihrer Pläne umsetzen. Meine Mitbrüder unterstützten sie, wie du dir nun vorstellen kannst, nicht, zumal ich ja selber unter dem Druck einiger Mitbrüder und der kirchenpolitischen Verhältnisse 1547 beim Papst ein Dekret erwirkt hatte, das einen weiblichen Zweig des

Jesuitenordens verhinderte. Das zu hören ist für dich wohl schwer zu ertragen, Teresa, und es fällt mir nicht leicht, ungeschminkt dazu zu stehen. Trotzdem: Kannst du mich auch verstehen?

Teresa

Ja, es tut weh, das alles zu hören. Frauen waren so wichtig für deinen Weg und euren Orden, und trotzdem hast du nicht intensiver nach anderen Lösungen gesucht. Du warst doch sonst so hartnäckig im Suchen nach neuen Lebensformen und Möglichkeiten des apostolischen Wirkens. Aber es war auch für dich als Mann und mit deiner Herkunft unter den gegebenen Bedingungen nicht einfach, das sehe ich nun. Danke für dein offenes und ehrliches Bekennen.
Meine Situation bezüglich eines männlichen Ordenszweiges war eine ganz andere. Nach den ersten Klostergründungen suchte ich nach Möglichkeiten, Brüder in unserem Geist zu formen, die dann auch die Schwestern begleiten sollten. Ich glaube, dass Gott es fügte, dass ich in Medina del Campo einem 25-jährigen Karmeliten, Juan de Santo Matía, begegnete. Er war in ärmlichen Verhältnissen aufgewachsen und hatte sich am Jesuitenkolleg in Medina del Campo sowie an der Universität in Salamanca eine ausgezeichnete humanistische und theologische Bildung erworben. Juan de Santo Matía suchte nach einem radikaleren kontemplativen Ordensleben, genau wie ich es gesucht hatte, und ich konnte ihn für mein Gründungswerk gewinnen. 1568 gründeten wir in Duruelo das erste teresianische Kloster für Männer. In der Einweihungsfeier erhielt Juan de Santo Matía den Namen Juan de la Cruz, Johannes vom Kreuz. Uns verbanden

lebenslang eine tiefe geistliche Freundschaft und ein entschiedenes Engagement für die gemeinsamen Gründungsanliegen.
Ein anderer Mann, der für mich sehr wichtig war, war Jerónimo Gracián. Ich lernte ihn fünf Jahre nach Johannes anlässlich der Gründung des Klosters in Beas kennen. Auch er war ein begabter und engagierter Theologe, der sich unserer Bewegung angeschlossen hatte. Mit ihm war ich lebenslang in einer tiefen geistlichen und persönlichen Freundschaft verbunden. Damals in Beas schrieb ich in einem Brief an eine befreundete Mitschwester: »Ich gestehe Ihnen ohne Übertreibung: es waren, glaube ich, die schönsten [Tage] meines Lebens! Der Pater Magister Gracián blieb mehr als zwanzig Tage. Je mehr ich mit diesem Manne umgehe, umso deutlicher wird mir sein unschätzbarer Wert« (Ct).[7] Ja, lieber Ignatius, ich hatte mit Jerónimo Gracián einen menschlich sympathischen, theologisch kompetenten und spirituell suchenden Karmeliten gefunden. Das Geheimnis unserer Beziehung erschloss sich mir in seiner Tiefe in einer Vision, in der Christus unsere Hände nahm und sie aufeinanderlegte, wie bei einer Eheschließung. Ich erfuhr mich dadurch von Gott bestätigt in dieser doch ungewöhnlichen Beziehung zu – notabene – meinem Oberen, dem ich mich gleichzeitig immer im Gehorsam verpflichtet wusste, aber eben dank des Geschenks unserer Beziehung auf Augenhöhe. Jerónimo Gracián selber schrieb über unser gemeinsames Wirken: Wir »diskutierten und stritten … oft, wie eine Angelegenheit am besten durchzuführen sei, am Ende aber gelangten wir stets zum Einvernehmen«[8].

Trotzdem: Diese Beziehung war natürlich sehr ungewöhnlich, zumal ich 30 Jahre älter war. Wir sahen uns zwar selten, schrieben uns jedoch oft. Im Dezember 1576 schrieb ich: »Ich selbst kann es mir aus verschiedenen Gründen zwar leisten, im Umgang mit Ihnen viel Liebe [amor] zu zeigen, aber nicht alle Nonnen dürfen das« (Ct).[9] Wir mussten und wollten unsere Beziehung schützen, was dir, Ignatius, wohl sehr fremd ist.

Ignatius

Oh, Teresa, da täuschst du dich allerdings. Ich musste sehr kämpfen, wenn es um den Ruf und damit die Existenz unserer neuen Gemeinschaft ging. Jedoch ist es für mich eindrücklich zu hören, wie du die Beziehungen mit diesen beiden Männern gestaltet hast, besonders mit Jerónimo Gracián. Ein solch engagiertes gemeinsames Suchen, eine solch innige Beziehung war für mich mit Frauen undenkbar. Aber auch mit meinen Gefährten war die Beziehung nicht so persönlich. Ich tauschte mich zwar auch engagiert mit ihnen aus, zum Beispiel in der gemeinsamen Entscheidungsfindung, von der ich dir erzählt habe. Aber ich war ein nüchterner Mensch und Diskretion war mir sehr wichtig. Meine mystischen Erfahrungen im Zusammenhang mit dem Ringen um die Statuten unseres Ordens, die ich in meinem geistlichen Tagebuch beschrieb, das unveröffentlicht bleiben sollte, vertraute ich keinem Menschen an. Andererseits erzählte ich im Pilgerbericht nicht wenig von mir. Allerdings: Mich so literarisch auszudrücken wie du, das war nicht mein Stil.

In diesem Punkt sind wir wirklich sehr verschieden. Wobei das wohl nicht nur mit unserer Herkunft und unserem Geschlecht zu tun hat, sondern auch mit unserer Persönlichkeit.
Ich möchte mit dir jedoch noch auf unsere letzte Lebensphase zu sprechen kommen. Magst du davon erzählen?

14. Auf den Tod zugehen, sterben

Sterben in den Armen der Freundin – Der einsame Tod

Teresa

Die letzten Monate meines Lebens waren sehr schwierig, lieber Ignatius. Sie haben mir die letzten Kräfte abverlangt. Ich war nämlich bereits schwer krank, als ich im Januar 1582 für eine überaus konfliktreiche Klostergründung nach Burgos im Norden Spaniens aufbrach. Die Reise war äußerst beschwerlich und in Burgos wurden mir alle möglichen Hindernisse in den Weg gelegt. Als die Gründung dann doch so weit abgeschlossen war, dass es mich nicht mehr brauchte, wollte ich, müde, krank und erschöpft, wie ich war, in mein geliebtes Kloster San José in Ávila zurückkehren. Auf dem Weg übernachtete ich in unserem Kloster in Valladolid. Die dortige Oberin, eine Verwandte von mir, die auch eine meiner ersten Gefährtinnen war, enttäuschte mich zutiefst. Sie ergriff wegen eines Erbstreits in unserer Familie Partei gegen mich und setzte mich am nächsten Morgen vor die Tür mit den Worten: »Scheren Sie sich fort und lassen Sie sich ... hier nie wieder blicken!«[10] Stell dir vor, wie schmerzlich das für mich war und wie einsam ich mich fühlte. Doch damit nicht genug. Mein Oberer, für kurze Zeit der Stellvertreter Graciáns als Provinzial, wollte, dass ich den Wunsch der Herzogin von Alba erfülle, bei der Niederkunft ihrer Schwiegertochter anwesend zu sein. Das bedeutete, statt direkt nach Ávila zu reisen, einen

mühsamen Umweg in Kauf zu nehmen – der dann zu meinem letzten Weg wurde. Jerónimo Gracián fehlte mir wieder mal sehr schmerzlich. Ich hätte ihm wie in einem Brief ein gutes Jahr vorher schreiben können: »Ja, ich muss Ihnen sagen, Pater, mein Fleisch ist schwach, und so bin ich trauriger geworden, als mir lieb ist. … Sie hätten doch Ihre Abreise ... verschieben können! ... Eine ziemliche Einsamkeit haben Sie hier zurückgelassen. … Mir gereicht alles zum Überdruss, denn schließlich hat meine Seele niemanden mehr, der sie tröstet und leitet. Möge Gott doch alles als Opfer annehmen, dann gibt es auch keinen Grund mehr zur Klage, wie tief auch immer der Schmerz ist« (Ct).[11]
Am Ende meiner Kräfte kam ich schließlich in Alba de Tormes an. Und stell dir vor, die Herzogin hatte schon geboren! Ich ging also direkt in unser Kloster, wo sich mein Zustand zusehends verschlechterte. Nach einiger Zeit schickte ich die Ärzte weg. Ich spürte, dass nichts mehr zu machen war. Ich betete immer wieder Psalmverse, die ich vom Chorgebet her auswendig konnte, und sprach mit den Schwestern, die um mich weinten. Am 4. Oktober 1582 starb ich in den Armen meiner geliebten Mitschwester Ana de San Bartolomé. Mir kommt dazu in den Sinn, was ich im Mai 1581 in meinem letzten geistlichen Erfahrungsbericht geschrieben hatte: »Die Seele hat ihre Eigensucht so vergessen, dass es scheint, als habe sie einen Teil ihres Seins schon verloren, in solcher Selbstvergessenheit lebt sie. Mich erfüllt nichts als grenzenlose Liebe zu diesem Gott, die, wie mir scheint, immer noch wächst« (CC 66).[12]
So viel zu mir. Doch wie waren deine letzten Tage, lieber Ignatius?

Ignatius

Zu meinem Sterben gibt es nicht viel zu erzählen. Was mir im Vergleich zu dir auffällt: Nachdem ich in früheren Jahren lange wie ein Pilger unterwegs gewesen war, lebte ich die letzten 15 Jahre mit Mitbrüdern in Rom. Bei dir war es umgekehrt: Du lebtest eine lange Zeit im Menschwerdungskloster in Ávila und warst dann rund 15 Jahre viel unterwegs, starbst auf deiner letzten Reise. Ich war in Rom von der Leitung des schnell wachsenden Ordens voll in Anspruch genommen, begleitete meine Mitbrüder vor Ort im Gespräch und war weltweit in Briefkontakt. Ich empfing viele Besuche und kümmerte mich um die verschiedenen Sozialprojekte in Rom wie etwa das Haus Sankt Marta. Zunehmend machten mir Gallensteine mit Schmerzen und Koliken zu schaffen.
Der Tod hatte für mich nie etwas Bedrohliches, ja manchmal war ich beim Gedanken an den Tod sogar so von Trost und Freude erfüllt, dass ich weinen musste. Ich starb allein und ganz unspektakulär am frühen Morgen des 31. Juli 1556. Der Krankenbruder hörte meine letzten Worte und berichtete später, dass ich mehrmals gerufen habe *Ay, Díos*, oh, Gott. In der Nachricht an die Mitbrüder hieß es dann: »Er starb einen Tod wie alle Welt.«

II. Schwerpunkte der teresianischen und der ignatianischen Mystik

Teresa

Lieber Ignatius, nachdem wir uns nun viel über unsere biografischen Hintergründe ausgetauscht haben, freue ich mich sehr, mit dir vertieft über unsere Spiritualität zu sprechen. Ich schlage vor, dass wir uns dazu zum einen am Übungsweg, wie du ihn in deinem Buch »Die Exerzitien« ausgearbeitet hast, und zum andern am spirituellen Weg, wie ich ihn in meinem Buch »Wohnungen der inneren Burg« dargestellt habe, orientieren. Ich bin gespannt, welche Gemeinsamkeiten und Unterschiede wir entdecken werden und wie wir sie mit unserem Frau- bzw. Mannsein und unserer Herkunft in Verbindung bringen.

1. Gottes- und Menschenbild

Innere Burg – Fundament

Teresa

Darf ich gleich beginnen? Du hast dein Exerzitienbuch ja – entsprechend deiner theologischen Kompetenz, die du dir als Mann erarbeiten konntest – streng systematisch aufgebaut. Es beginnt mit »Prinzip und Fundament«, gleichsam mit einer Ouvertüre, in der du meisterhaft auf den Punkt bringst, worum es dir in deiner Spiritualität geht, welche Ausrichtung für dich grundlegend ist, welches Menschen- und Gottesbild du den Exerzitien zugrunde legst. Du beginnst mit der Grunderfahrung, dass das Leben Geschenk ist, dass wir Gottes Geschöpfe sind. Dies ist auch mein Ausgangspunkt. Wobei ich nie systematisch geschrieben habe. Zudem ist für mich die Auseinandersetzung mit der Tugend der Demut zentral, denn als Frau war mir eine falsche Demut beigebracht worden, eine Art Duckmäusertum. Mit der Zeit ist in mir das Bewusstsein gewachsen, Gottes geliebtes Geschöpf zu sein, und damit auch ein neues Verständnis von Demut, welches mir sehr wichtig ist. »Wir sind keine Engel«, habe ich einmal formuliert, damit jedoch nicht mehr, wie früher in meinem Leben, Selbstabwertung verbunden, sondern eben die Haltung der Demut (*humildad*), das Ja zu mir als Frau, ganz konkret, so wie ich bin. Ich habe gelernt, Demut als lebenslangen Prozess der Selbsterkenntnis zu verstehen, in dem es darum geht, sich selber immer realistischer zu sehen und anzunehmen, um mit den eigenen Stärken und Grenzen

immer mehr »in der eigenen Wahrheit zu leben«, wie ich einmal formuliert habe.
Diese Selbstannahme als Geschöpf ist uns beiden also durchaus gemeinsam, denke ich. Interessant finde ich, wie du in deiner Ouvertüre nach den Anfangsworten »Der Mensch ist geschaffen« gleich weiterfährst mit »dazu hin« (EB 23).[13] Du hast das Bewusstsein, Gottes Geschöpf zu sein, direkt mit dem Woraufhin verbunden, nämlich der Berufung, Gott zu loben, zu ehren und zu dienen.

Ignatius

Ja, genau. Ich fühle mich verstanden, auch wenn ich mich – entsprechend meinem biografischen Hintergrund – nicht in der gleichen Art wie du mit der Tugend der Demut rumschlagen musste. Ich musste, im Unterschied zu dir, den Stolz überwinden, ein Adliger zu sein, die *honra* und die ritterliche Kampfbereitschaft hinter mir lassen. Das war meine Demutsübung – und du weißt, wie schwer sie mir gefallen ist.

Teresa

Ja, wir sind uns einig, dass wir dazu auf Erden sind, als von Gott geliebte Geschöpfe zu leben. Als nicht-studierte Frau war mir die abstrakte theologische Art zu denken jedoch fremd. Ich beschrieb, wie mir im jahrelangen spirituellen Ringen das »Verweilen bei meinem Freund«, bei Christus, zum sicheren Ort wurde, an dem ich mich bedingungslos angenommen erfuhr und mich orientieren konnte. Dazu gehörte für mich die Bereitschaft zur Nachfolge, die Bereitschaft, meinen Weg mit Christus zu gehen. Verweilen, Loben

und Aufbrechen gehören für mich untrennbar zusammen. Das ist dir ja nicht fremd, Ignatius. *Contemplativus in actione* wurden deine Mitbrüder ja über Jahrhunderte nicht müde zu betonen.
Es berührt mich sehr, dass wir uns in diesem grundlegenden Punkt so nah sind. Es geht uns beiden nicht um Leistung, sondern um das Lob Gottes, um die Dankbarkeit dafür, dass wir überhaupt da sind, leben und uns in der Nachfolge entfalten dürfen. Das entspricht doch genau meinem Motto *sólo Dios basta* (nur Gott genügt), das ich auf einen Zettel geschrieben und immer in meinem Gebetbuch bei mir hatte. Du schreibst im Hingabegebet fast wortgleich: »gib mir Deine Liebe und Gnade, das ist mir genug« (»*ésta me basta*«; EB 234).[14] Ich glaube, mit dieser Grundausrichtung widerstanden wir beide der Versuchung unserer Epoche – der beginnenden Neuzeit –, das Nützlichkeitsdenken in den Vordergrund zu rücken. Wir trugen die klösterliche Tradition weiter, wie sie seit Benedikt, dem Gründer des ersten Ordens im Westen im 6. Jahrhundert, prägend war. Sie beruht auf der Regel, in allem Gott zu verherrlichen. Einer deiner wichtigsten Wahlsprüche, Ignatius, ist ja »Alles zur größeren Ehre Gottes«. Das passte doch auch genau zum Reformator Martin Luther, einem unserer Zeitgenossen, der nicht müde wurde zu betonen, dass sich die Menschen das Angenommensein von Gott, die »Rechtfertigung«, nicht durch »Werke« selber »erleisten«, verdienen können, sondern dass sie allein aus Gnade von Gott immer schon angenommen sind.
Ich habe jedoch noch eine Frage, Ignatius: Dein Schlüsselsatz in Prinzip und Fundament endet mit den Worten »und so seine Seele zu retten«. Wie soll ich das verstehen? Geht es denn darum, meine Seele zu ret-

ten, mein privates Seelenheil zu suchen, und nicht um Nachfolge und das Lob Gottes?

Ignatius

Ich verstehe deine Frage. Du weißt ja nur zu genau, dass in unserer Zeit die Furcht vor der Hölle und die existenzielle Sorge um das ewige Heil im Zentrum des Glaubens standen. Genau darauf reagierte ja auch Martin Luther. Selbstverständlich ging es mir mit meiner Formulierung nicht um Heilsindividualismus. Ein späterer Mitbruder verdeutlichte meine Formulierung denn auch in meinem Sinn: »und so zum Heil aller Menschen sein Leben zu vollenden«[15]. Ich hoffe, Teresa, damit konnte ich mich nun erklären.
Ich gebe zu, meine Sprache ist im Unterschied zu deiner abstrakt und knapp. Du schreibst in der Inneren Burg viel anschaulicher von deinem Ausgangspunkt, deinem Fundament, nämlich der Gottesgegenwart im Menschen: Da »bot sich mir an, was ich jetzt sagen will, sozusagen als ... Ausgangspunkt, nämlich unsere Seele als eine gänzlich aus einem einzigen Diamanten oder sehr klaren Kristall bestehende Burg zu betrachten, in der es viele Gemächer gibt, so wie es im Himmel viele Wohnungen gibt ... Denn wenn wir es recht bedenken, Schwestern, so ist die Seele des Gerechten nichts anderes als ein Paradies, in dem er [der Herr], wie er selbst sagt, seine Freuden erlebt« (1M 1,1). Dein Fundament ist wirklich die Erfahrung der Gottesgegenwart in der Seele des Menschen und du zeigst mit dem Bild des kostbaren Kristalls, wie groß du die Würde des Menschen siehst – und das in der damaligen Zeit, in der Höllenangst und ein falsches Demutsverständnis die Menschen klein und gefangen hielten.

Ein paar Zeilen weiter betonst du nochmals, »dass wir kaum imstande sind, die große Würde und Schönheit der Seele zu begreifen« (1M 1,1). Du setztest damit deutlich einen anderen Schwerpunkt als ich. Du verweist gar auf das Buch der Sprüche 8,31 und nimmst damit, wie die Menschen der Moderne sagen würden, eine feministische Perspektive ein, obwohl dir das wohl gar nicht bewusst war. Frau Weisheit stellt sich an dieser Stelle als erstes Geschöpf, als Tochter Gottes vor, die Gott, während er die Welt erschuf, mit ihrem Spielen erfreut: »in frühester Zeit wurde ich gebildet, am Anfang, beim Ursprung der Erde ... Ich war seine [Gottes] Freude Tag für Tag ... Ich spielte auf seinem Erdenrund und meine Freude war es, bei den Menschen zu sein« (Spr 8,23.30b.31).[16] Welch wunderbare Bilder, welch wunderbare Sprache, mit der du die Gegenwart Gottes in den Menschen beschreibst. Du hast ja gar ein eigenes Buch zum Hohelied der Liebe, dem zentralen Buch der Bibel für Liebesmystik, geschrieben. Und in den letzten Wohnungen der Inneren Burg verwendest du eine erotische Liebessprache, um die innige Beziehung zu Gott zu beschreiben. Ich gebe gerne zu, dass meine Sprache und Theologie daneben recht trocken und rational klingen. Ich setzte damit auch andere Akzente, obwohl für uns beide die unverfügbare Würde des Menschen und die liebende Begegnung mit Gott das Fundament bilden.
Noch ein anderer Unterschied, der mit meiner strukturierten Art zu tun hat, fällt mir auf: Du schreibst, die Burg habe viele Wohnungen, die nicht schön der Reihe nach angeordnet sind, sondern »die einen oben, die anderen unten, andere an den Seiten. Und in der innersten Mitte von all diesen Wohnungen liegt die vornehmste, in der die höchst geheimnisvollen

Dinge zwischen Gott und der Seele vor sich gehen« (1M 1,3). Es geht dir nie um einen klar strukturierten Aufstiegsweg mittels meditativer Techniken zum Beispiel, wie ihn etwa Francisco de Osuna, dessen Buch »Das dritte geistliche Alphabet« dir ja zu Beginn deines Weges so wichtig war, beschrieben hatte. Dir geht es immer um die größtmögliche Freiheit der Seele auf ihrem Weg zu Gott. Auch mir ist es sehr wichtig, das Geheimnis zwischen Gott und der Seele zu wahren. Ich drücke dies zum Beispiel mit der Formulierung *»Deus semper maior«* (Gott ist immer größer) aus. Doch mein Exerzitienbuch sollte als konkrete Anleitung für die Begleitung dienen. Deshalb beschrieb ich den Übungsweg sehr strukturiert und rational. Im Begegnen mit dir erfahre ich, wie deine Art, über deine Erfahrungen mit dem Geheimnis des Lebens zu schreiben, noch ganz andere Saiten in mir zum Klingen bringt. Es spricht mich sehr an, wenn ich zum Beispiel lese: Es ist »wichtig, dass man sie [die Seele] nie in einen Winkel einzwängt oder einengt. Man lasse sie durch diese Wohnungen streifen, aufwärts und abwärts und nach den Seiten hin. Da ihr Gott eine so große Würde verliehen hat, soll sie sich nicht zwingen, lange Zeit in einem einzigen Raum zu bleiben« (1M 2,8). Welche Würde und welche Freiheit kommen mir in deinen Worten entgegen, liebe Teresa! Doch nun bin ich gespannt, was dir in meinem Exerzitienbuch weiter aufgefallen ist.

2. Christusbeziehung und Nachfolge

Entschlossene Entschlossenheit – Entscheidung für das Banner Christi

Teresa

Zuerst fällt mir auf, dass du in der zweiten Woche der Exerzitien für Gott auch das Bild des Königs gebrauchst. Wirklich ein naheliegendes Bild im damaligen Spanien. Allerdings weilt »dein König« nicht in der Burg wie »meiner« und er lockt die Seelenkräfte auch nicht mit sanftem Pfeifen, sondern du beschreibst, wie Christus, der Ewige König »einen jeden im Einzelnen ruft und sagt: ›Mein Wille ist, die ganze Welt und alle Feinde zu erobern und so in die Herrlichkeit meines Vaters einzutreten. Deshalb muss, wer etwa mit mir kommen will, sich mit mir mühen, damit er, indem er mir in der Qual folgt, mir auch in der Herrlichkeit folge‹« (EB 95). Diese Sprache ist mir, ich gestehe es, sehr fremd. Da begegnest du mir wirklich als ein Mitglied der Familie der Loyolas, wie du sie mir beschrieben hast. Du brauchst das Bild der ritterlichen Gefolgschaft für die radikale Christusnachfolge, was deinem radikalen Engagement, das sich nicht mit Halbheiten abfindet und das mich ja auch beeindruckt, voll entspricht. In der »Besinnung über zwei Banner« (EB 136ff.) beschreibst du dann, worum es in diesem Kampf geht. Das Bild war und ist allerdings für viele später Geborene nur schwer erträglich, weil du für das Wirken des Königs das Wort ›unterwerfen‹, im Originaltext *conquistar*, brauchst, also das gleiche Wort, das für das Erobern der Spanier in Lateinamerika gebraucht wurde. Das ist mir, obwohl ich auch ein Kind unserer Zeit war, doch recht fremd. Das liebende Locken des Königs mit seinem Pfeifen ist mir viel näher. In meiner *Vida* schrieb ich einmal: »Ich kann mit ihm [Christus] umgehen wie mit einem Freund, obwohl er doch Herr ist. Denn ich erkenne, dass er nicht ist wie die, die wir hier als Herren haben, die ihr ganzes Herrsein auf ›Autoritätsprothesen‹ gründen« (V 37,5).

Ignatius

Aber das meine ich doch auch …

Teresa

Ja, warte. Ich möchte dich ja gerne genauer verstehen. Also: Ich lese die »Besinnung über zwei Banner« nochmals. Du beschreibst da, worum der Kampf geht, der nicht auf Schlachtfeldern, sondern in den Herzen der Menschen stattfindet. Du stellst zwei Feldlager mit ihren Befehlshabern vor. Der eine ist der Satan, der Anführer der Feinde, der die Dämonen dazu anspornt, »Netze und Ketten auszuwerfen«, um die Herzen der Menschen mit der Begierde nach Reichtum, Ehrsucht und Hochmut zu verführen und unter seinem Banner zu vereinen. Der andere Befehlshaber ist Christus, der ewige König, der »generaloberste Hauptmann der Guten«. Er ist ein menschlicher König, der ebenfalls die Herzen der Menschen erobern will (*conquistar*) und sie »auf einen ... Kriegszug schickt, indem er ihnen empfiehlt, allen helfen zu wollen« (EB 146) und sie zum Wunsch nach »Armut gegen Reichtum; … Schmähung oder Geringschätzung gegen die weltliche Ehre; … Demut gegen den Hochmut« zu bringen und unter seinem Banner zu vereinen. Ich beginne zu verstehen, denn ich kannte den Kampf in meinem eigenen Herzen ja nur zu gut. Ich erzählte dir ja schon von dieser mühseligen Lebensweise, der ich fast zwanzig Jahre ausgesetzt war in der »Zerreißprobe, mit Gott und der Welt zu leben« (V 8,2f.).

Ich teile also zutiefst dein Anliegen, Ignatius, Christus voll und ganz anzugehören, mit ihm zu kämpfen und ihm in Armut und Demut nachzufolgen. Und ich verstehe, dass für dich als adligem Ehrenmann der Verzicht auf weltliche Ehre unbedingt dazugehörte. Auch damit sprichst du mir aus dem Herzen, obwohl dieses Thema mich natürlich ganz anders betroffen hat. Wie habe ich doch selber darunter gelitten, wie die *honra*, dieses spanische Ehrgefühl, *Conversos* ohne Rang und Namen zum Verhängnis wurde, wie Adlige als SpenderInnen und UnterstützerInnen unsere Klöster abhängig machten und wie hochmütige Kleriker sich in unsere Klosterangelegenheiten einmischten. Genau darum sollten in meinen neuen Klöstern kleine Gemeinschaften von Gleichgestellten leben, die sich durch ein Leben in Armut und die Klausur gegen Einmischung von außen schützten.

Verstehst du, lieber Ignatius, dass deine Sprach- und Bildwelt bei mir ganz anderes zum Klingen bringt als das, was du möchtest?

Ignatius

Ja, das verstehe ich. Du kennst ja die ritterliche Kultur, die mich als Mann mit adliger Herkunft geprägt hatte. Und wie du mir erzählt hast, wolltest du als Kind gar selber »wie ein Mann« für Christus kämpfen. Ich bin jedoch überzeugt, dass du auch bemerkt hast, wie ich den König darstelle: Er erteilt keinen Einberufungsbefehl, sondern ruft bittend; er sieht jeden Einzelnen; er ist an einem lieblichen Ort; er teilt alle Mühen und ist Vorkämpfer – für Gottes Reich der Liebe, mit den »Waffen« des Evangeliums. Wie Jesus verstehe ich Herrschaft als Dienst für Gott und nicht als Unterdrückung der Menschen wie »die Herrscher dieser Welt«.

Aber wie sieht denn deine Sprachwelt für Nachfolge aus? Ich habe mich auf die Suche gemacht und bin als Erstes an einem Wort hängengeblieben, das du in den Vierten Wohnungen[17] gebrauchst. Du beschreibst dort den Übergang von der Betrachtung und der Meditation, die wir aus eigener Anstrengung machen, zur Kontemplation, in der Gott allein in uns am Wirken ist. Dein Ausgangspunkt ist durch und durch das innere Beten, der Kern deiner Spiritualität. Ich lese also zum Beispiel, »dass es nicht darauf ankommt, viel zu denken, sondern viel zu lieben … Was euch [meine Schwestern] also dazu anregt, mehr zu lieben, das tut. Vielleicht wissen wir aber nicht, was lieben ist …, denn es besteht nicht in der größten Wonne, sondern in der größten Entschlossenheit« (4M 1,7). Du betonst also nicht den Kampf, sondern die Entschlossenheit. In deiner achtzehnjährigen Zerreißprobe hattest du erfahren, dass es wirklich nicht geht, »Gott und der Welt« – mit meinen Worten: beiden Bannern – zu dienen, sondern, wie du schreibst, »dass viel, ja alles an einer großen und ganz entschlossenen Entschlossenheit gelegen ist, um nicht aufzuhören, bis man zur Quelle vorstößt« (CE 35,2). Mir gefällt dein wirklich teresianischer Ausdruck »entschlossene Entschlossen-

heit« statt »Kampf« sehr. Uns beiden ist das Engagement, das entschlossene Handeln wichtig. Doch den Weg der Einübung beschreiben wir unterschiedlich. Ich betone die Übungen um Indifferenz, innere Freiheit und die Unterscheidung der Geister, der inneren Stimmen, du betonst das unablässige Bemühen um das innere Beten. Deinen Schwestern sagtest du zum Beispiel: »Ich bitte euch ja gar nicht, dass ihr … euch viele Gedanken macht … und subtile Betrachtungen anstellt; ich will nicht mehr, als dass ihr ihn [Christus] anschaut« (CE 42,3).
Mir geht es wie dir, Teresa, um das entschiedene, entschlossene Handeln, auch wenn ich nicht diese Begriffe brauche. Doch darf ich da gleich weiterfahren? Ich möchte nämlich sehr gerne mit dir zusammen herausfinden, wie wir je den Weg zum Tun des Willens Gottes erfahren haben und sehen.

3. Selbsterkenntnis und Freiheit

Hühnerschritte – Ungeordnete Neigungen

Ignatius

In den Vierten Wohnungen schreibst du, dass es darauf ankomme, Gott wirken zu lassen. Du brauchst dazu das Bild von zwei Becken, die sich unterschiedlich füllen. »Beim einen kommt es [das Wasser] von weiter her durch viele Röhren und Technik« (4M 2,3). Das andere Becken ist unmittelbar am Quellort und das Wasser quillt immerfort hervor, aus reiner Gnade, »im größten Frieden und in aller Ruhe und Zärtlichkeit aus unserem eigenen tiefsten Inneren …, ohne dass ich weiß von wo noch wie« (4M 2,4). Das kontemplative Gebet, von dem du hier sprichst, ist für dich ein leibseelisches Geschehen, eine Gnade, die die ganze Existenz erfasst. Du schreibst: »Es ergießt sich dieses Wasser nach und nach in alle Wohnungen und Seelenvermögen, bis es sogar den Leib erreicht« (4M 2,4). Und die Wirkung dieser Gnadenerfahrung erfährst du als ein »Weitwerden der Seele«, als größere Freiheit. Der Mensch sei dann nicht mehr den Ängsten ausgeliefert, unter denen du ja selbst sehr lange gelitten hast, sondern er werde frei für die »entschlossene Entschlossenheit« und die Erfahrung von unverdienter Gnade überwinde die Grundversuchung der Angst. Dies führe zu einer »starke[n] Willensbereitschaft, etwas für Gott zu tun« (4M 3,9).
Soweit deine Erfahrung und Überzeugung, wie ich sie verstanden habe. In meinem Exerzitienbuch geht

es auch darum, in diese Willensbereitschaft hineinzuwachsen. Im Unterschied zu dir entwickelte ich den Exerzitienweg als ein konkretes Vorgehen, das Menschen hilft, herauszufinden, wie sie sich ganz Christus zur Verfügung stellen können. Gleich in der ersten Anmerkung des Exerzitienbuches schreibe ich, dass es im Exerzitienprozess darum geht, »alle ungeordneten Anhänglichkeiten von sich zu entfernen und nach ihrer Entfernung den göttlichen Willen in der Einstellung des eigenen Lebens zum Heil der Seele zu suchen und zu finden« (EB 1). Das klingt zwar mehr nach eigener mentaler Aktivität als beim inneren Gebet. Aber auch im Exerzitienprozess geht es darum, zu vertrauen und sich dafür vorzubereiten, zu disponieren, wie ich sage, dass Gott selber sich den Menschen disponiert (vgl. EB 15) und mit seiner Gnade das Herz berührt und den Weg zeigt.

Teresa

Ich freue mich, wie du auf mein Herzensanliegen, das kontemplative innere Gebet, eingehst. Da knüpfe ich gerne an. Worum es mir im inneren Gebet geht, hat sehr viel damit zu tun, dass ich ein Beziehungsmensch bin. Ich habe dir ja von der Gnade erzählt, »dass ich überall, wo ich hinkam, Sympathie hervorrief, und so … sehr beliebt« war (V 2,8). Im Gebetsleben war es mir genauso wichtig, die Beziehung zu Gott zu pflegen. Was mir das innere Beten bedeutet, fasste ich einmal so zusammen: Inneres Beten ist »nichts anderes als Verweilen bei einem Freund, mit dem wir oft allein zusammenkommen, einfach um bei ihm zu sein, weil wir sicher wissen, dass er uns liebt« (V 8,5). Dank dieses »Verweilens« wurden mir die langen Gebets- und

Meditationszeiten im Kloster kostbar. Obwohl: Das innere Gebet betrifft das ganze Leben, und ich kann Christus auch »zwischen den Kochtöpfen« begegnen, wo er »euch innerlich und äußerlich hilft« (F 5,8), wie ich einmal zu meinen Mitschwestern sagte.

Als ich nun in deinem Exerzitienbuch las, freute ich mich, dass du in den Anleitungen für die Gebetszeit Christus »Freund« nennst und schreibst, dass man mit Christus sprechen soll »so wie ein Freund zu einem anderen spricht« (EB 54 und 71). Da sind wir einander doch wirklich sehr nah. Das Gespräch mit Jesus bedeutet für mich jedoch noch etwas anderes. Ich ging bei Entscheidungen nämlich nicht methodisch vor, sondern fand im Gespräch mit Jesus zur Klarheit. So schreibe ich zum Beispiel in meiner *Vida*: »Allein durch diese Worte [von Christus] war ich beruhigt, voller Kraft und Mut, Gewissheit, und so voller Ruhe und Licht, dass ich meine Seele in einem Nu ganz verändert erlebte, und ich glaube, dass ich jetzt mit der ganzen Welt gestritten hätte … Er [Christus] gibt nicht nur Ratschläge, sondern die Abhilfe« (V 25,18). Oder im Zusammenhang mit der wegweisenden Entscheidung, aus dem falschen Leben in meinem Mutterkloster auszubrechen und mit wenigen Gefährtinnen ein kontemplatives Leben nach der ursprünglichen Regel zu beginnen, war ich großen Bedrängnissen ausgesetzt und niedergeschlagen, als »der Herr zu mir sprach: ›*Wovor fürchtest du dich? … Ich werde erfüllen, was ich dir versprochen habe.*‹ … Dann war da in mir gleich eine Kraft, dass ich mich, glaube ich, von neuem aufgemacht hätte, um noch mehr zu unternehmen« (V 26,2).

Du siehst, Ignatius, ich fand im inneren Verweilen bei Jesus, im Gespräch mit ihm, immer wieder zur Klar-

heit darüber, was Gottes Wille für mein Tun war. Bei dir fällt mir auf, wie differenziert und methodisch durchdacht du die Übenden in den Exerzitien anleitest. Du gibst zum Beispiel konkrete Hinweise zum Einbezug von Emotionen, von Imagination und des Leibes. Die Übenden sollen auf diese Weise zu einer immer größeren inneren Freiheit gelangen. Zentral ist für dich die Rolle der Indifferenz – du nennst sie auch »Freiheit des Geistes« – als Voraussetzung dafür, die Geister zu unterscheiden und den Willen Gottes zu erkennen. Zugleich geht es dir – gerade aufgrund deiner eigenen Erfahrung in jungen Jahren – nicht um Leistung, um verbissenes Üben. Es gefällt mir, wie du immer wieder betonst, dass es um eine »hinreichende« Indifferenz geht, um das Magis, das »Mehr im Sinn und Geist Gottes«. Das passt zu dem, was ich über den Weg der Seele ganz allgemein schreibe, dass man sie ja nie »einzwängt oder einengt«. Aber eben, ein methodisches Vorgehen mit ausdifferenzierten Kriterien für die Unterscheidung der Geister, der inneren Stimmen, war nie mein Zugang. Bei meinen Unterweisungen ging es allerdings auch weniger um Entscheidungsfindung, denn die Schwestern hatten sich ja bereits für die kontemplative Lebensform im Kloster entschieden. Mir ging es gegenüber den Schwestern ums Kennenlernen und Vertiefen des karmelitanischen kontemplativen Weges.
Trotzdem: Ich möchte gerne tiefer verstehen, wie deine Methode aussieht, mit der du Menschen in Entscheidungssituationen begleitet hast. Magst du sie mir erklären?

Ignatius

Ja, gerne, Teresa, ist doch die Suche nach dem Willen Gottes mein Herzensanliegen und das Kernstück der Exerzitien.
Also: Als Erstes geht es mir darum, dass die übende Person sich auf einen Prozess einlässt, in dem sie sich mit dem ganzen Leben und den Grundentscheidungen darin ganz auf Gott ausrichtet. Sie soll sich sich selbst zuwenden, im Sinn des »Prinzip und Fundament« mit liebender Aufmerksamkeit, und sich als von Gott geliebt, gewollt, getragen erfahren. Der Ausgangspunkt ist immer, sich des großen Ja Gottes zum eigenen Leben bewusst zu werden und »Gott unserem Herrn für die empfangenen Wohltaten [zu] danken« (EB 43). Es geht also nicht um eine defizitorientierte, selbstabwertende Lebensbilanz, sondern um eine Schule liebevoller Achtsamkeit gegenüber der eigenen Wirklichkeit.
Auf diesem Fundament wird die Hinwendung zu den eigenen Schatten möglich, zu Schuld, Scham, inneren Verletzungen, Ego-orientierten Neigungen, Ängsten, kurz: Verhaltensmustern und Vorlieben, die daran hindern, in innerer Freiheit auf den Willen Gottes zu hören. Die/der Übende begegnet so – als von Gott Geliebte/r – den eigenen Schatten und kann sie vor und mit Gott anschauen, um in eine innere Distanz zu den Ängsten, Vorlieben usw. zu treten und sich nicht von ihnen bestimmen zu lassen. Ich liebe für diese Übung der Indifferenz das Bild der Waage. Es drückt für mich den Zustand der inneren Wahlfreiheit am besten aus. In »Prinzip und Fundament« formuliere ich es so: »Wir sollen … nicht … mehr wollen: Gesundheit als Krankheit, Reichtum als Armut, Ehre als Ehrlosigkeit, langes Leben als kurzes« (EB 23).

Schließlich geht es ja immer darum, ins Handeln zu kommen. Das bedeutet, mit Hilfe der Unterscheidung der Geister aus verschiedenen Handlungsoptionen diejenige zu wählen, die mehr dem Willen Gottes entspricht. Dafür sollen die möglichen Alternativen im Gebet Gott »angeboten« werden. Die »Regeln zur Unterscheidung der Geister«, ich könnte auch sagen, der *mociones*, der inneren Regungen und Bewegungen, dienen dazu, hinzuspüren und zu wählen, was »mehr« dem Willen Gottes entspricht. »Mehr« bedeutet, dass es nicht nur die eine gute Lösung gibt, sondern es gilt, die Variante zu wählen, die »größere Frucht« bringt, mehr dem guten Leben dient. Kriterium dafür, dass eine Wahl dem Willen Gottes entspricht, ist die Empfindung von Trost, von innerer Freude, von Energie und innerem Frieden. Zum Schluss, liebe Teresa: Es geht mir bei der Entscheidungsfindung zwar um methodische Hilfestellungen, aber nicht um eine perfekte Technik, sondern um das Bemühen, das Leben Jesu intensiv zu betrachten und so in die Nachfolge hineinzuwachsen, in der die stimmige Entscheidung reifen kann.

Teresa

Das war nun intensiv, lieber Ignatius. Vielen Dank für dein genaues Erklären. Ich sehe schon, deine Methode ist eine kostbare Frucht deines Lebensweges.
Auch mir geht es immer um den Willen Gottes, dem die Werke der Nachfolge, der tätigen Nächstenliebe entspringen. Dazu empfahl ich durchaus auch die Betrachtung des Lebens, vor allem des Leidens Jesu. Für mich stand jedoch nicht eine bestimmte Methode im Zentrum, sondern die gelebte Freundschaft mit

Christus. Konkret ging es mir in meinen kleinen Lebensgemeinschaften um drei wesentliche Punkte, »um innerlich und äußerlich den Frieden zu haben, den uns der Herr so sehr ans Herz legte. Der erste ist die gegenseitige Liebe, ein weiterer das Loslassen alles Geschaffenen, und noch ein weiterer wahre Demut, die der wichtigste ist und alle anderen umfasst« (CE 6,1). Wie klingt das in deinen Ohren?
Was mich gleichzeitig tief beeindruckt, ist der Stellenwert, den du der echten Selbsterkenntnis gibst. Für mich als Frau in der damaligen Gesellschaft war Selbsterkenntnis, die »nicht kriecherisch und verzagt« machte, wie ich am Anfang der Inneren Burg schreibe, von größter Bedeutung. Die Versuchung zur falschen Demut war ja allgegenwärtig. Ich betonte gegenüber meinen Schwestern immer wieder, wie wichtig der Mut zum eigenen Weg ist, sonst würden sie »nie aus dem Schlamm der Ängste, des Kleinmuts und der Feigheit herauskommen, aus dem Schauen, ob man auf mich schaut oder nicht auf mich schaut …« (1M 2,10). Einmal schrieb ich: Als so Gefangene, mit »Hühnerschritten … gelangt man nie zur Freiheit des Geistes« (V 13,5). Es brauchte wirklich Mut und Gottvertrauen, Freiheit zu wagen und aus der gesellschaftlich erwarteten falschen Demut auszubrechen, um in entschiedener Entschlossenheit den Willen Gottes zu suchen und zu tun.

Ignatius

Es fasziniert mich, wie wir uns bei durchaus gemeinsamen Themen aufgrund unserer Herkunft und unseres Geschlechts unterscheiden. Meine Grundversuchung als Mann mit adliger Herkunft war nicht die falsche Demut, sondern der Hochmut. Meine allererste Übungsanweisung im Buch der Exerzitien gilt der Betrachtung der ersten Sünde, der »Sünde der Engel … Wie sie [die Engel], obwohl sie in der Gnade geschaffen waren, sich ihre Freiheit nicht zunutze machen wollten, um ihrem Schöpfer und Herrn Ehrfurcht und Gehorsam zu erweisen. Sie gerieten in Hochmut« (EB 50) und missbrauchten ihre Freiheit. Bei dir geht es um die Befreiung aus falscher Demut, um in die Freiheit zu gelangen, bei mir um das Einüben echter Demut, um Gott zu dienen und Freiheit nicht zu missbrauchen.

Für uns beide bedeutet dieses Einüben, immer wieder umzukehren. Mich fasziniert es sehr, wie du die Einladung Gottes zur Umkehr formulierst. In den ersten Kapiteln der Inneren Burg beschreibst du den Zustand der Sünde als Umherirren außerhalb der Burg, des Ortes von Gottes Gegenwart. Und dann folgt ein wunderschönes Bild, ich zitiere: »wie ein guter Hirte lässt er [Gott] sie [die Umherirrenden] mit einem so zarten Pfeifen, dass sie es kaum selber merken, seine Stimme hören, damit sie nicht mehr verloren umherirren, sondern in seine Wohnung zurückkehren« (4M 3,2). So einladend und werbend habe ich Gottes Gegenwart nicht beschrieben. Und die Sprache macht einen Unterschied, das stimmt. Mich fasziniert deine einladende, kreative, bildhafte Sprache sehr, das gestehe ich gerne. Allerdings: Ich schreibe immerhin dann und wann von Christus als dem »sanften Herrn« – denn er hatte viel Nachsicht mit seinem heftigen Ignatius, das kann ich dir sagen.

Gerne würde ich gleich bei diesem Thema bleiben, Teresa. Du beschreibst nämlich in den Siebten bis Neunten Wohnungen den ganzen Reifungsweg bzw.

Wandlungsprozess, in dem es um das Leben und Sterben mit Christus geht, mit einem weiteren Bild oder besser einem eindrücklichen poetischen Gleichnis, das mich sehr berührt und in der Tiefe »meinem« Exerzitienprozess sehr nahe ist.

4. Reifung und Wandlung

Vom Samenkorn zum Schmetterling – Hineinwachsen ins Leben mit Christus

Teresa

Du meinst den Weg vom Samenkorn zum Schmetterling, nehme ich an. Das freut mich, ist mir dieses Gleichnis doch tatsächlich sehr, sehr lieb. Ich begann jedoch mit den Ersten Wohnungen. Da kam mir die Seele, die im Zustand der Sünde gefangen ist, vor wie ein Kristall, über den ein schwarzes Tuch gelegt ist. Die »strahlende Sonne in der Seelenmitte« leuchtet immer, aber »ihre Klarheit … [ruft] keinerlei Wirkung im Kristall hervor …« (1M 2,3). Dieser Verlorenheit nicht auszuweichen ist uns beiden wichtig. Auf unterschiedliche Weise geht es uns um den ungeschminkten, ehrlichen Blick der Selbsterkenntnis auf all die Situationen, in denen wir von Gott getrennt in völliger Unfreiheit, uns selbst entfremdet, »in Sünde« leben. Ich kam mir in diesem Zustand vor »wie ein Mensch, der fest angebunden und gefesselt ist und die Augen verbunden hat, so dass er, auch wenn er wollte, nicht sehen noch gehen noch hören kann und in großer Dunkelheit lebt« (CV 21,2). Der heilige Paulus würde sagen: Das ist der alte Mensch in uns.

In den Fünften Wohnungen fiel mir dann als Bild für das Sterben dieses »alten Menschen«, des Ego in uns, ohne das wir keine neuen, christusähnlichen Menschen werden können, das scheinbar tote Samenkorn ein – so stellte ich mir die Eier eines Seidenfalters vor, die ich nie gesehen hatte. Dieses Samenkorn wird durch das Licht der »strahlenden Sonne in der Seelenmitte« zum Leben erweckt und zum Räuplein, das sich von den Blättern des Maulbeerbaumes ernähren und schließlich seinen Kokon spinnen kann. Damit meine ich, dass der Mensch immer mehr in die Christusnachfolge hineinwächst, und zwar ganz konkret. Das klang dann meinen Schwestern gegenüber so: »Also auf, meine Töchter, schnell an die Arbeit und dieses Häubchen [Kokon] weben, indem wir unsere Eigenliebe und unseren Eigensinn und die Bindung an jegliche irdischen Dinge entfernen, dafür aber … inneres Beten, Einübung ins Ich-Sterben, Gehorsam und alles Weitere, das ihr ja kennt, einsetzen. … Wenn sie [die Seele] in diesem Gebet weilt, ist sie für die Welt ganz gestorben, und dann schlüpft ein winziger weißer Schmetterling aus« (5M 2,6.7).

Ignatius

Das ist wirklich ein schönes Bild für das Hineinwachsen ins Leben und Sterben mit Christus, in den Weg der Liebe, wie Jesus ihn ging, der das Leiden weder suchte noch ihm auswich. Dieses Thema steht im Zentrum meines Exerzitienbuches. Ich beschreibe in der dritten und vierten Woche systematisch den Weg, auf dem sich die Übenden in das Leiden und Auferwecktwerden mit Christus hineinversetzen sollen. Sie sollen sich innewerden, dass der Weg der Umkehr und die Lebens-Entscheidung für Christus auch im Leiden Bestand haben sollen und immer im Licht der Verheißung stehen, dass das Leben, die Liebe Gottes stärker ist als der Tod. Dieses neue Leben in Christus zeigt sich dann daran, wie ich in der vierten Woche schreibe, dass es im konkreten Alltag Frucht trägt, was ja das

Ziel des ganzen Exerzitienweges ist. Du betonst dasselbe, wenn du über das »Falterchen« schreibst: Es »streut seinen Samen aus, damit andere daraus hervorgehen ...« (5M 3,1), und weiter, das »sicherste Zeichen« dieses neuen Lebens ist »die treue Einhaltung der Nächstenliebe« (5M 3,8).

Teresa

Wobei ich betonen muss, dass dieses neue Leben für uns Schwestern mit anderen Herausforderungen verbunden war als für euch Jesuiten. Wie gerne würde der kleine weiße Schmetterling fliegen, wie es seine Bestimmung ist! Doch das konnte er nicht. In den Sechsten Wohnungen schreibe ich: Die Seele würde »sich am liebsten mitten in die Welt hineinstürzen, um zu sehen, ob sie mithelfen könnte, damit auch nur eine Seele Gott mehr lobte. Und wenn es eine Frau ist, reibt sie sich wund an der Fessel, die ihr ihre Natur auferlegt, da sie das nicht tun kann, und ist neidisch auf diejenigen, die die Freiheit haben, um mit lauter Stimme zu verkünden, wer dieser große Gott ... ist. Ach du arme kleine Schmetterlingsseele, angebunden mit so vielen Ketten, die dich nicht fliegen lassen, wie du möchtest« (6M 6,3.4).

Ignatius

Ich spüre deinen großen Schmerz, Teresa, über diese Spannung zwischen deiner grenzenlosen Sehnsucht, mit deinem ganzen Leben von der Größe Gottes zu künden und ihm zu dienen, und deinen eingeschränkten Möglichkeiten als Frau. Du schreibst in deiner *Vida* sogar: »Im Übrigen reicht es schon, Frau zu sein, dass mir die Flügel herunterfallen« (V 10,8). Dein Leiden daran, dass du – auch mangels guter Beichtväter – nicht »fliegen« konntest, war groß. In deiner *Vida* lese ich: »Ich glaube, wenn ich jemanden gehabt hätte, der mich zum Fliegen gebracht hätte, dann hätte ich mich mehr darauf verlegt, dass diese Wünsche zur Tat geworden wären« (V 13,6). Wie bin ich froh zu wissen, dass du neben andern Begleitern auch in Mitbrüdern von mir wenigstens so viel Unterstützung wie möglich gefunden hast. Zudem: Mit der Beschreibung des »winzigen weißen Schmetterlings« ist dein Wandlungsprozess ja noch nicht abgeschlossen. Es fehlen noch die letzten, die Siebten Wohnungen, die Seelenmitte, in der Gott wohnt. Was geschieht denn dort?

5. Auferstehung und neues Leben

Genährt von göttlichen Brüsten – Gottes Wirken in allem

Teresa

Nicht zu schnell, lieber Ignatius. Ja, das Falterchen ist auf dem Weg in die Siebten und letzten Wohnungen, zur innigsten Verbindung mit Gott. Ich möchte jedoch, bevor ich darauf eingehe, noch etwas zum Schluss deines Exerzitienweges sagen. Es entspricht mir nämlich sehr, dass der Prozess nicht allein mit der Sendung zum konkreten Handeln endet, sondern mit dem Blick auf die grenzenlose Liebe Gottes und mit der Bereitschaft zur Ganzhingabe, die du in der »Betrachtung, um Liebe zu erlangen« einmalig zum Ausdruck bringst. Wenn ich dich richtig verstehe, umrahmst du damit zusammen mit dem »Prinzip und Fundament« am Anfang des Exerzitienbuches den ganzen spirituellen Reifungsweg: Alles kommt aus Gott und ist auf Gott hin ausgerichtet. Die Liebe Gottes meint jeden Menschen zutiefst und einmalig. Du lenkst am Schluss des Weges den Blick auf all die »empfangenen Wohltaten von Schöpfung, Erlösung und besonderen Gaben« (EB 234). Und dann, lieber Ignatius, gefällt es mir, wie du in deiner Übungsanleitung dieses Wirken Gottes konkret und umfassend benennst: »Schauen, wie Gott in den Geschöpfen wohnt: in den Elementen … in den Pflanzen … in den Tieren … in den Menschen … und so in mir …; indem er beseelt; indem er wahrnehmen macht und indem er mich verstehen macht; ebenso indem er einen Tempel aus mir macht, da ich nach dem Gleichnis

und Bild seiner göttlichen Majestät geschaffen bin« (EB 235). Wie schätze ich an dieser Stelle deine Kompetenz, sprachlich die Intimität der Liebe Gottes zu jedem Menschen mit deinem systematischen Denken zu verbinden. Und damit nicht genug. Ich lese nämlich weiter: »Erwägen, wie Gott sich in allen geschaffenen Dingen auf dem Angesicht der Erde für mich müht und arbeitet« (EB 236).
Das war doch immer wieder dein Thema, Ignatius, Gott zu suchen und zu finden in allen Dingen. Das passt zu meinem Rat an die Schwestern, sich immer bewusst zu sein, dass Gott überall zu finden ist, dass Gott auch »zwischen den Kochtöpfen weilt … und euch innerlich und äußerlich hilft« (F 5,8).

Ignatius

Liebe Teresa, ich fühle mich tief verstanden von dir. Wie sind wir uns am Ziel des Weges nahe! Ich würde dir gerne mein Hingabegebet aus der Betrachtung, um Liebe zu erlangen, vorlesen. Bist du einverstanden?

> »Nimm hin, Herr, und empfange
> meine ganze Freiheit,
> mein Gedächtnis, meinen Verstand
> und meinen ganzen Willen,
> all mein Haben und Besitzen.
> Du hast es mir gegeben,
> Dir, Herr, gebe ich es zurück.
> Alles ist Dein,
> verfüge nach Deinem ganzen Willen.
> Gib mir Deine Liebe und Gnade,
> das ist mir genug« (EB 234).[18]

Teresa

Danke, lieber Ignatius. Mir fällt mein Herzensgebet ein. Es endet mit *sólo Dios basta*, dein Hingabegebet mit *ésta me basta!* Und wir haben uns nicht gekannt und schon gar nicht voneinander abgeschrieben! Ist das nicht kostbar!? Gerne möchte ich dir auch mein Gebet vorlesen.

> »Nichts soll dich verwirren,
> nichts dich erschrecken,
> alles geht vorüber,
> Gott zieht nicht aus,
> Geduld erreicht alles,
> wer Gott bei sich hat,
> dem fehlt nichts,
> nur Gott genügt« (P6).[19]

Teresa

Danke.

Ignatius

Danke dir. Allerdings: Sind dir, neben dem gemeinsamen Schluss, der mich auch sehr berührt, die Unterschiede auch aufgefallen? Sie sind doch wirklich typisch. Meine größte Herausforderung war, meine ganze Freiheit, meine intellektuellen Fähigkeiten und meinen Willen, »all mein Haben und Besitzen« Gott zur Verfügung zu stellen. Bei dir ging es angesichts deiner vielen Ängste und Unsicherheiten um das grenzenlose Vertrauen, dass Gott nie, gar nie auszieht, sondern immer bei uns ist.

Teresa

Nun ist es gar nicht so leicht, in unserem Gespräch fortzufahren. Trotzdem: Tatsächlich hielt ich fest, dass es in den Siebten Wohnungen »fast keine Dürrezeiten oder inneren Unruhezustände mehr gibt ..., sondern die Seele fast ständig in innerer Ruhe weilt ... in der Gewissheit«, dass Gott da ist (7M 3,10). Kannst du dir vorstellen, lieber Ignatius, was mir diese Erfahrung bedeutet?

Ignatius

Ja, ich glaube, ich verstehe gut, was du in den Siebten Wohnungen über die Erfahrung der »geistlichen Vermählung« schreibst, über »diese geheime Einung in der innersten Mitte der Seele ..., wo Gott selbst weilt und wo es meines Erachtens keiner Tür bedarf, durch die man eintritt« (7M 2,3). Ich weiß, es sind dies Erfahrungen der untrennbaren Verbundenheit mit Gott, für die es kaum Worte gibt. Ich habe diese tiefe Verbundenheit nicht als Vermählung oder Gotteinung erfahren und in Worte gefasst. Mich rührten jedoch die Erfahrung, dass ich »wie in einer lichten Klarheit die eine Wesenheit verspürte ... [und] es mich ganz zu ihrer Liebe hin[zog]« (GT 99), oder auch Erleuchtungen so sehr, dass ich oft in Tränen aufgelöst war und mir die Stimme versagte. In mir wuchs zunehmend eine »liebevolle Ehrfurcht« (vgl. GT 83) gegenüber Gott und den Menschen und der ganzen Schöpfung, eine Haltung der Liebe, die das Geheimnis des Andersseins von Gott, den Menschen und der Schöpfung wahrt und achtet (vgl. GT 178f.). Stell dir vor: Mit 53 Jahren schrieb ich, »dass ich den Weg gefunden hatte, der sich mir hatte zeigen wollen« (GT 162).

Teresa

Oh, Ignatius, das wusste ich nicht. Ich erlebte oft, dass »die Seele sie [die geheimnisvollen Anhauchungen] sehr genau fühlt, auch wenn sie sich nicht ausdrücken lassen, doch ist das Gefühl so stark, dass es ab und zu schwärmerische Worte hervorruft, die man offenbar gar nicht zurückhalten kann: ›O Leben meines Lebens und Nahrung, die mich nährt!;‹ und dergleichen mehr. Denn aus jenen göttlichen Brüsten, an denen Gott die Seele immerfort zu nähren scheint, schießen einige Milchstrahlen hervor, die alle Leute in der Burg laben« (7M 2,6).

Ignatius

Welch schönes, überraschendes Bild! Im tiefen Erleben sind wir uns so ähnlich und doch unterscheiden sich unsere Sprachbilder. Mir sind jedenfalls nie solche sinnlichen, mütterlichen Bilder zugefallen, außer im Zusammenhang mit meiner engen Beziehung zu Maria, der Mutter Jesu. Aber darauf gehe ich jetzt nicht weiter ein.

Teresa

Zugefallen ist gut, lieber Ignatius. Ich betete tatsächlich, Gott möge »die Feder führen und mir zu verstehen geben, wie ich … ein bisschen etwas sagen kann« (7M 1,1).

Ignatius

Diese Bilder sind wirklich ein Geschenk. Danke. Und ich lese weiter: »… das ist der Ort [die geistliche Vermählung], wo der kleine Schmetterling, von dem wir gesprochen haben, stirbt, und das mit übergroßer Freude, da sein Leben nun bereits in Christus ist« (7M 2,5). So innig hast du die Gotteinung erfahren, Teresa, so kostbar hast du das Beziehungsgeschehen in deiner Seelenmitte ins Wort gebracht.

Es bewegt mich auch sehr, wie du, nun schon fast am Ende der Inneren Burg, weiter schreibst von der »Fürsorge …, die Gott aufwendet, um sich uns mitzuteilen und uns geradezu anzubetteln, doch bei ihm zu bleiben … und fast immer stellt diese zarte Berührung die Seele darauf ein, dass sie das, was gesagt wurde [worum er bittet], mit entschlossener Bereitwilligkeit tun kann« (7M 3,9).

So war für dich die Erfahrung der Gotteinung zutiefst mit der tätigen Nachfolge verbunden. Mir fällt dazu ein, wie ich Übende dazu einlade, sich vorzustellen, wie sie unter der Sonne Gottes verweilen und diese sie mit ihren Gaben der Gerechtigkeit, Güte, Freundlichkeit, Barmherzigkeit usw. durchstrahlt bzw. wie sie vom Wasser der Gnade durchströmt werden (vgl. EB 237).

Teresa

Ich danke dir für dein intensives Mitgehen, Ignatius. Ich weiß, dass auch bei dir der tiefe Wandlungsprozess, auf den die Geistlichen Übungen hinzielen, in ein entschiedenes Engagement mündet. Betrachtung und Kontemplation sind für uns beide nie Selbstzweck. Du schreibst in der abschließenden »Betrachtung, um Liebe zu erlangen«: »Die Liebe muss mehr in die Werke als in die Worte gelegt werden« (EB 230) – und dazu passend: Die Übenden sollen »in allem seine göttliche Majestät lieben und ihr dienen« (EB 233). Entsprechend diesem deinem *en todo amar y servir* habe ich gegenüber meinen Schwestern immer wieder betont: »Glaubt mir: Marta und Maria müssen zusammengehen, um den Herrn zu bewirten und immer bei sich zu haben und ihn nicht mit einer schlechten Bewirtung abzufertigen, indem sie ihm nichts zu essen geben ... Wie hätte Maria es ihm gegeben, wo sie doch die ganze Zeit zu seinen Füßen saß, wenn ihre Schwester ihr nicht beigesprungen wäre« (7M 4,12).

Ignatius

Dem kann ich nur zustimmen. Damit widersprichst du allerdings einer langen klösterlichen Tradition, die Maria den Vorzug gibt und dem klösterlichen kontemplativen Leben einen größeren Wert zuschreibt als der tätigen Nachfolge. Und das hast du, Teresa, als Frau in unserer damaligen Zeit in aller Deutlichkeit vertreten! Alle Achtung! Jerónimo Nadal, mein Mitbruder, sprach in diesem Zusammenhang von der *vita activa superior*, jener »höheren Weise aktiven Lebens«, in der Aktion und Kontemplation, biblisch gesprochen Marta und Maria, eins geworden sind und das Wirken der Liebe ganz eins ist mit Gott, vollendetes Tun.

Oh, wir sind ja schon am Ende unseres Gesprächs, liebe Teresa. Gerne möchte ich zum Schluss ein Zitat aus dem letzten Kapitel deiner Inneren Burg einbringen, in das ich mit meinem *en todo amar y servir* von Herzen gerne einstimme: »Letztendlich, meine Schwestern, das, womit ich schließe, ist, dass wir keine Türme ohne Fundament bauen sollen, denn der Herr schaut nicht so sehr auf die Größe der Werke als vielmehr auf die Liebe, mit der sie getan werden« (7M 4,15).

Teresa

Danke von Herzen, Ignatius.
Doch darf ich dir zum Schluss noch ein Gedicht von mir vorlesen, das mir sehr kostbar ist?

Ignatius

Ja, gerne. Ich danke dir. Und dann verweilen wir noch einen Moment in Stille, wenn du einverstanden bist.

Teresa

»Gott spricht:
O Seele, suche dich in mir,
und Seele, suche mich in dir.

Die Liebe hat in meinem Wesen
dich abgebildet treu und klar;
kein Maler lässt so wunderbar,
o Seele, deine Züge lesen.
Hat doch die Liebe dich erkoren
als meines Herzens schönste Zier:
Bist du verirrt, bist du verloren,
o Seele, suche dich in mir.

In meines Herzens Tiefe trage
ich dein Porträt, so echt gemalt;
sähst du, wie es vor Leben strahlt,
verstummte jede bange Frage.
Und wenn dein Sehnen mich nicht findet,
dann such nicht dort und such nicht hier:
Gedenk, was dich im Tiefsten bindet,
und, Seele, suche mich in dir.

Du bist mein Haus und meine Bleibe,
bist meine Heimat für und für;
ich klopfe stets an deine Tür,
dass dich kein Trachten von mir treibe.
Und meinst du, ich sei fern von hier,
dann ruf mich, und du wirst erfassen,
dass ich dich keinen Schritt verlassen:
und, Seele, suche mich in dir« (P4).[20]

Anmerkungen

[1] Zit. nach Candido de Dalmases SJ, Ignatius von Loyola, Versuch einer Gesamtbiografie, München 2006, S. 26.
[2] Zit. nach Pierre Emonet, Ignatius von Loyola, Legende und Wirklichkeit, Würzburg 2015, S. 21.
[3] Zit. nach Alois Prinz, Teresa von Ávila, Die Biografie, Berlin 2014, S. 76.
[4] Monumenta Ignatiana, Fontes Narrativi de S. Ignatio de Loyola et de Societatis Iesu initiis, Vol. I, Rom 1943, 110.
[5] Zit. aus: Über die Gnade des Gebetes in der Gesellschaft Jesu, in: Mitteilungen aus den deutschen Provinzen der Gesellschaft Jesu, 13 (1935), S. 399–411.
[6] Epistolae P. Hieronymi Nadal, Rom 1962, V, 60.
[7] Brief an Inés de Jesús vom 12. Mai 1575.
[8] Zit. nach Linda Maria Koldau, Teresa von Ávila, Agentin Gottes. Eine Biografie, München 2014, S. 278.
[9] Brief vom 18. Dezember 1576.
[10] Zit. nach Linda Maria Koldau, S. 285.
[11] Brief an Jerónimo Gracián vom 22. Mai 1581.
[12] Übersetzt von Erika Lorenz.
[13] Übersetzt von Hans Urs von Balthasar.
[14] Übersetzt von Hans Urs von Balthasar.
[15] Peter Köster SJ, Die Geistlichen Übungen des hl. Ignatius von Loyola. Ein Kommentar für die Praxis des Begleitens, Norderstedt 2009, S. 39.
[16] Einheitsübersetzung.
[17] Teresa schreibt immer »Wohnungen« (*moradas*) in der Mehrzahl, weil es auf jeder der sieben Ebenen eine große Vielfalt an Wohnungen gibt.
[18] Peter Köster SJ, S. 214.
[19] Übersetzt von Mariano Delgado.
[20] Übersetzt von Erika Lorenz.

In der Reihe «Ignatianische Impulse» sind u.a. auch folgende Bände erschienen:

Band 1: Willi Lambert, **Das siebenfache Ja**
Band 2: Stefan Kiechle, **Sich entscheiden**
Band 4: Heiner Geißler, **Glaube und Gerechtigkeit**
Band 7: Karl Frielingsdorf, **Gottesbilder**
Band 8: Christian Troll, **Als Christ dem Islam begegnen**
Band 11: Willi Lambert, **Wovon die Liebe lebt**
Band 14: Franz Jalics, **Der kontemplative Weg**
Band 15: Ignatius von Loyola, **In allem - Gott**
Band 16: Gundikar Hock, **Ergriffen vom Feuer**
Band 18: Christian Herwartz, **Auf nackten Sohlen**
Band 20: Christoph Benke, **Sehnsucht nach Spiritualität**
Band 22: Peter Balleis, **Leidenschaft für die Welt**
Band 23: Josef Maureder, **Mensch werden – erfüllt leben**
Band 24: Martin Maier, **Pedro Arrupe – Zeuge und Prophet**
Band 28: Christian Rutishauser, **Christsein im Angesicht des Judentums**
Band 37: Gabriele Grunden, **Wer glaubt, fragt**
Band 39: Klaus Mertes, **Widerspruch aus Loyalität**
Band 40: Ursula Dirmeier, **Nicht Furcht, sondern Liebe**
Band 50: Willi Lambert (Hg.), **Von Ignatius inspiriert**
Band 52: Alex Lefrank, **In der Welt – nicht von der Welt**
Band 58: Hans Schaller, **Wachsen im Gebet**
Band 64: Willi Lambert, **Gotteskontakt**
Band 65: Hermann Kügler, **Neuer Mut zur Zärtlichkeit**
Band 67: Stefan Kiechle, **Grenzen überschreiten**
Band 71: Th. Spirig-Huber / K. Graf, **Ich werde, also bin ich**
Band 78: J. Hartmann / A. C. Unkelhäußer, **Freude an Gott – Das innere Feuer neu entfachen**
Band 80: Ch. Baich / D. Gnau / Ch. Klimann, **Wenn wir an Grenzen kommen**

Weitere Informationen zu allen Bänden der Reihe finden Sie unter www.echter.de